Wutach- und Feldbergregion

Wutach- und Feldbergregion
Ein geologischer Führer

Christoph Hebestreit

Mit 44 Abbildungen

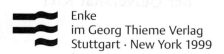

Enke
im Georg Thieme Verlag
Stuttgart · New York 1999

Dr. rer. nat. Christoph Hebestreit
Mozartstraße 18
72119 Ammerbuch

Die Deutsche Bibliothek – CIP-Einheitsaufnahme

Hebestreit, Christoph:
Wutach- und Feldbergregion : ein geologischer Führer / Christoph
Hebestreit. – Stuttgart ; New York : Enke im Thieme-Verl., 1999

Titelbild: Das gekappte Aitrachtal bei Blumberg, der ehemalige Abflußweg der Feldberg-Donau (bzw. Donau-Wutach).

Das Werk, einschließlich aller seiner Teile, ist urheberrechtlich geschützt. Jede Verwertung ist ohne Zustimmung des Verlages außerhalb der engen Grenzen des Urheberrechtsgesetzes unzulässig und strafbar. Das gilt insbesondere für Vervielfältigungen, Übersetzungen, Mikroverfilmungen und die Einspeicherung und Verarbeitung in elektronischen Systemen.

© 1999 Georg Thieme Verlag
Rüdigerstraße 14, 70469 Stuttgart
Printed in Germany
Umschlagfoto: Chr. Hebestreit
Druck: Druckhaus Götz GmbH, Ludwigsburg

ISBN 3-13-117531-1   1 2 3 4 5 6

Inhalt

1 Einleitung 1
2 Abriß der Erdgeschichte 3
3 Räumliche Gliederung und Besiedlungsgeschichte 9
4 Geologische Übersicht 14
5 Grundgebirge 19
   5.1 Einführung 19
   5.2 Entwicklung des Grundgebirges 23
   5.3 Gesteine des Grundgebirges 27
   5.4 Bergbau 32
6 Das mesozoische Deckgebirge 34
   6.1 Trias 34
      6.1.2 Muschelkalk 38
      6.1.3 Keuper 44
   6.2 Jura 48
      6.2.1 Schwarzer Jura, Lias 49
      6.2.2 Brauner Jura, Dogger 52
      6.2.3 Weißer Jura, Malm 55
7 Landschaftsgeschichte 57
   7.1 Tertiär 57
      7.1.1 Untermiozän 58
      7.1.2 Mittel- und Obermiozän 59
      7.1.3 Pliozän 62
      7.1.4 Landschafts- und Flußentwicklung im Tertiär 63
   7.2 Quartär 70
      7.2.1 Einführung 70
      7.2.2 Das Pleistozän im Schwarzwald und im Wutachgebiet 72
      7.2.3 Flußentwicklung im Würm-Glazial 79
8 Beobachtungspunkte 89
9 Exkursionen 116
10 Literatur 124
11 Anschriften und Ausflugsziele 128
12 Glossar 130
13 Register 137

1 Einleitung

Im Südschwarzwald und in der Baar sind auf einem überschaubaren Gebiet geologische Zeugnisse aus einer langen Zeitspanne der Erdgeschichte erschlossen. So dokumentiert das Grundgebirge verwickelte magmatische und tektonische Ereignisse, die während des Erdaltertums in der Erdkruste abgelaufen sind. Im Deckgebirge sind festländische Ablagerungen und Meeressedimente erhalten, welche die gesamte Abfolge der südwestdeutschen Trias und den größten Teil des Juras umfassen. Mit den Relikten der tertiären und Landschafts- und Flußgeschichte, den vielfältigen eiszeitlichen Ablagerungen und vor allem mit den eindrucksvollen Talbildungen, die das Ergebnis einer sehr jungen und vielfach als Lehrbeispiel zitierten Flußanzapfung (Wutachablenkung) sind, reichen diese Zeugnisse bis in die jüngere und jüngste geologische Vergangenheit. Der vorliegende Führer erläutert in verständlicher Form die Gesteine und Landschaftsformen der Wutach-Region und des östlichen Südschwarzwaldes. Er verfolgt damit das Ziel, einem breiten Leserkreis Grundlagen der Landschaftsgeschichte und der geologischen Entwicklung dieses Raumes vorzustellen und einen Einstieg in seine Regionalgeologie zu geben. Das Kerngebiet des Führers umfaßt das Einzugsgebiet der Wutach, wozu in erster Linie die Wutach und ihre Nebentäler mit den umgebenden Hochebenen sowie das Feldberggebiet zählen. Zusätzlich werden auch Teile des Klettgaus und des Randen mit einbezogen, da sie für das Verständnis mancher fluß- und landschaftsgeschichtlicher Zusammenhänge wichtige Beiträge liefern.

Die Kapitel 4 – 7 geben eine zusammenhängende Beschreibung der Geologie des Gebietes. In den Kapiteln 8 und 9 werden dann ausgewählte Beobachtungspunkte beschrieben und einige Exkursionsrouten vorgeschlagen. Das Glossar (Kap. 12) erläutert einige Fachbegriffe und mag manchem Nicht-Fachmann nützlich sein (ein umfangreiches Fachwörterbuch bieten z.B. MURAWSKI & MEYER 1998). Die Beobachtungspunkte liegen entlang der üblichen und auch meist bezeichneten Wanderwege, die allerdings mitunter steile und auch schlüpfrige Abschnitte aufweisen. Festes Schuhwerk ist deshalb unbedingt zu empfehlen. Als Ergänzung der Lageskizzen ist die Anschaffung einer Wanderkarte nützlich. Die topographischen Karten des Maßstabs 1:50.000 stellen noch große Flächen dar und enthalten für die meisten Zwecke genügend Details.

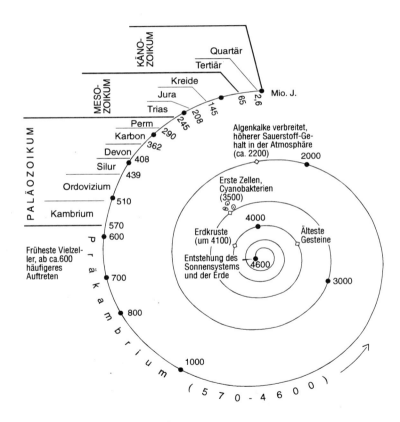

Abb. 1 Gliederung der Erdgeschichte.

2 Abriß der Erdgeschichte

Von der über vier Milliarden Jahre andauernden Erdgeschichte erleben wir selbst nur ein kurzes Zwischenstadium, wodurch unser Lebensraum als weitgehend vorgegeben erscheint. Erst die Betrachtung längerer Zeiträume mit erdwissenschaftlichen Methoden verdeutlicht den gewaltigen Wandel der Erde. Der folgende knappe Abriß der Erdgeschichte soll eine Übersicht wichtiger Entwicklungsstadien geben und den zeitlichen Rahmen der Entwicklung Südwestdeutschlands vorzeichnen.

Die ältesten erdgeschichtlichen Zeugnisse Südwestdeutschlands reichen etwa 500 bis 600 Millionen Jahre bis in das frühe Paläozoikum (Erdaltertum) zurück, womit sie immer noch etwa acht mal jünger sind als die Anfänge unseres Sonnensystems und der Erde. Unser Sonnensystem entstand beim Zusammenfallen und der Verdichtung einer rotierenden Ansammlung aus kosmischem Gas und Staub. Wegen der mehrfachen Umwandlung der Kruste existieren auf der Erde allerdings keine Gesteine mehr aus diesem Frühstadium. Material von den Anfängen des Sonnensystems liegt uns ausschließlich aus dem Weltraum vor. Manche der unter Leuchterscheinungen auf der Erdoberfläche niedergehenden Meteorite enthalten Informationen über den frühen Zustand des Sonnensystems und haben wie einige Mondgesteine Alter von bis zu 4,5 Milliarden Jahre. Dieses Datum markiert den Beginn der Erdgeschichte.

Die Erdgeschichte (Abb. 1) wird untergliedert in das Präkambrium (ca. 4.600 – 570 Mio. J.), das Paläozoikum (Erdaltertum, 570 – 245 Mio. J.), das Mesozoikum (Erdmittelalter, 245 – 65 Mio. J.) und das Känozoikum (Erdneuzeit, 65 Mio. J. bis heute). Diese auch Zeitalter oder Ära genannten Grobeinheiten werden weiter aufgeteilt in die sogenannten Systeme (z.B. Trias, Jura, Kreide). Die Einschnitte, denen die Grobgliederung zu Grunde liegt, hängen mit Veränderungen globalen Ausmaßes wie der Verteilung der Kontinente auf dem Globus, Klimaänderungen oder Entwicklungssprüngen in der Lebewelt zusammen. Eine noch feinere zeitliche Gliederung in Stufen und Zonen erfolgt auf Grundlage der Entwicklung von Lebewesen (Biostratigraphie), wobei als geologische Zeitmarken allerdings nur solche geeignet sind, die weit verbreitet auftreten und bei denen sich die einzelnen Formen rasch ablösen (z.B. Ammoniten im Jura, Foraminiferen seit der Kreidezeit). Erst seit etwa der Mitte dieses Jahrhunderts gibt es physikalische Methoden auf der Basis des radioaktiven Zerfalls von Elementen, mit denen man Absolut-Alter von Gesteinen in Jahren bestimmen kann.

Die abgebildete Zeitspirale (Abb. 1) zeigt anschaulich, daß der früheste Abschnitt der Erdgeschichte, das **Präkambrium** (ca. 4.600 – 570 Mio. J.), der mit Abstand längste Zeitraum ist. Am Ende der vorgeologischen Ära (vor ca. 4.000 Mio. J.) hatte sich die Erde weitgehend abgekühlt und der Schalenaufbau mit einer Kruste aus Silikatgesteinen, einen zähflüssigen Mantel und einen schweren Kern aus Eisen und Nickel entwickelt. Die ersten Lebensformen, d.h. selbstorganisierte Zellen, die einen Stoffwechsel aufweisen und sich vermehren, entstanden bereits vor etwa 3.500 Millionen Jahren. Es handelte sich hierbei um Bakterien und Cyanobakterien („Blaugrüne Algen"), also um kernlose Zellen (Prokaryonten). Die Bakterien deckten ihren Energiebedarf überwiegend anaerob in einem Milieu ohne freien Sauerstoff. Von den Cyanobakterien wurde die Photosynthese als Motor des Stoffwechsels eingesetzt (ältester Nachweis 3.500 Mio. J.). Bei der Umwandlung von Kohlendioxid in Kohlenhydrate mit Hilfe des Sonnenlichts wird als Nebenprodukt Sauerstoff erzeugt und an die Atmosphäre abgegeben. Man nimmt an, daß der Sauerstoffgehalt der Atmosphäre erst vor etwa 2.200 Millionen Jahren eine Konzentration erreicht hatte, die hoch genug war, um die Entwicklung höheren Lebens zu ermöglichen. Gesteine aus diesem Zeitraum bestehen verbreitet aus fossilen Algenmatten (sog. Stromatolithe). Die frühesten Vielzeller (v.a. Hohltiere, Gliederfüßer, Ringelwürmer) stammen aus Meeresablagerungen des späten Präkambriums (um 600 Mio. J.). Es wurden aber erst neuerdings fossile Spuren (Bauten wurmähnlicher Tiere) gefunden, die ein Alter von über 1.000 Millionen Jahren haben. Präkambrische Gesteine findet man heute nur dort, wo die Kruste im Verlauf der Erdgeschichte keine großen Veränderungen erfahren hat, wozu vor allem die Kernregionen einiger Kontinente gehören (u.a. große Teile Afrikas, Südamerikas ohne die Anden-Kette, Nordost-Amerikas, Osteuropas, Australiens und die Antarktis). An diese wurden in der weiteren Entwicklung bei Kollisionen jüngere Krustenschollen angeschweißt und die Kontinente somit erweitert.

Eine sprunghafte Zunahme der überlieferten Lebensformen kennzeichnet den Beginn des **Kambriums** (Beginn vor 570 Mio. J.). Im Kambrium existierten schon die meisten Vorformen aller Tiergruppen (wichtig v.a. Trilobiten, Brachiopoden, Archäocyathiden), deren Lebensraum noch auf das Meer beschränkt war. Afrika, Südamerika, Antarktis, Australien und Indien bildeten den südlichen Großkontinent **Gondwana**. Die nördlicheren Kontinente waren noch in einzelne Schollen gegliedert, wobei der europäische und der nordamerikanische Kern durch einen Ozean, den sogenannten Iapetus, voneinander getrennt waren. Die Trennungslinie (Kaledonische Geosynklinale) verlief ungefähr über das heutige Norwegen und Schottland.

Im **Ordovizium** erschienen mit den Agnathen (kieferlose Fische) die ersten Urformen der Wirbeltiere. Die schon im Kambrium existierenden Lebensformen entwickelten sich weiter. Besonders die Cephalopoden (Kopffüßer, Vorfahren der Ammoniten) und Graptolithen durchliefen eine schnelle Evolution, wobei die Letzteren sich besonders gut für Alterszuordnungen von Sedimentgesteinen eignen (sog. Leitfossilien). Der Südkontinent Gondwana war weiterhin eine stabile Einheit und lag aufgrund nachgewiesener Vereisungsspuren vermutlich in Polnähe. Nordamerika und der europäische Kern näherten sich einander, wodurch der Iapetus-Ozean eingeengt und die Kaledonische Gebirgsbildung – von Vulkanismus begleitet – eingeleitet wurde.

Im Verlauf des **Silur** wurde der Iapetus durch die Kollision des nordamerikanischen und des europäischen Kontinentkerns geschlossen. In Schottland und Skandinavien sind unter hohen Belastungen gebildete Gesteine und Gleitbahnen zwischen Krustenschollen zu beobachten, die als Folge der Kontinent-Kollision entstanden sind. Im ausgehenden Silur drangen mit Skorpionen und Tausendfüßlern erstmals Tiere auf das Festland vor. Zu den Agnathen traten die Panzerfische (mit Ober- und Unterkiefer) hinzu. Bedeutende Leitfossilien des Silur sind die Graptolithen.

Das **Devon** ist mit der Ausbreitung von Landpflanzen durch einen bedeutsamen Einschnitt in der Lebewelt gekennzeichnet. Mit den Leitbündeln hatten die Pflanzen nun die Möglichkeit entwickelt, Wasser und Nährstoffe von dem Substrat aus in der gesamten

Pflanze zu verteilen. Erst die Verbreitung der Pflanzen ermöglichte die weitere Entwicklung der Tierwelt auf dem Land. Die ersten Gefäßpflanzen (Psilophyten, „Nacktpflanzen") waren noch blattlos. Es traten aber auch schon die ersten Schachtelhalme (Articulaten) und Vorläufer der Farne sowie bärlappartige Gewächse auf. Die Tierwelt des Devons wurde noch bestimmt von Meerestieren, besonders von den Korallen, Brachiopoden, Fischen und Ammonoideen (Goniatiten). Berühmt sind die Seelilien (Echinodermen), Trilobiten und Panzerfische der Hunsrück-Schiefer. Die Verteilung der Kontinente war noch geprägt von einem südlichen Großkontinent (Gondwana) und einer großen Landmasse im Norden, in der Europa und Asien mit Nordamerika und Grönland verbunden waren (Laurasia). Der Abstand dieser Großkontinente verringerte sich aber schon, und es stand die Bildung der größten Landmasse der Erdgeschichte kurz bevor.

Im **Karbon** (Steinkohlezeit) bot reiches Pflanzenwachstum (farnartige Gewächse und Schachtelhalmgewächse zum Teil 15 bis 20 m hoch) in episodisch überfluteten Senken die Voraussetzungen für die Bildung großer Kohlelagerstätten (z.B. Ruhrkohle). Die Panzerfische wurden von Knorpel- und Knochenfischen verdrängt. Aus den ersten Amphibien gingen bereits die ersten Reptilien hervor. Mittlerweile waren die beiden Großkontinente zu dem Riesenkontinent Pangaea vereinigt. Mit dieser Kollision steht die **Variszische Gebirgsbildung** in Zusammenhang, während der in SW-Deutschland die meisten Gesteine des kristallinen Grundgebirges entstanden sind (Schwarzwald). An der Naht der beiden kollidierten Kontinente lag der nach Osten keilförmig geöffnete Ozean Tethys (Paläotethys).

Im **Perm** begann die Zeit der Reptilien. Dafür waren viele andere Tiergruppen ausgestorben oder es entstanden wie bei den Brachiopoden neue Entwicklungslinien. Im Perm kam es im südwestdeutschen Raum zu einer Hebung des variszischen Gebirges, dessen abgetragenes Material in Senken (Rotliegend-Tröge) akkumuliert wurde. Die Rotliegend-Sedimente (meist sog. Fanglomerate) deuten auf arides, trocken-heißes Klima und eine äquatornahe Lage des heutigen Mitteleuropa hin. Aus dem Perm stammen die mächtigen Salzlagerstätten in Nord- und Mitteldeutschland, die in abgeschnürten und eingedampften Meeresbecken ausgeschieden wurden. In den damaligen Polregionen gibt es Spuren einer Vereisung (Permokarbonische Vereisung, z.B. Afrika).

In der **Trias** begann der Zerfall von Pangaea, wobei sich zunächst ein Süd- (Gondwana) und ein Nordkontinent abzeichneten. Mitteleuropa war gegliedert in flache Meeresbecken und umliegende Festlandgebiete. Erstmals in der Erdgeschichte sind in Südwestdeutschland flächenhaft Sedimente erhalten, entweder Ablagerungen flacher Randmeere oder der auf dem Festland abgesetzte Schutt aus den Hochgebieten. Am Südrand der Tethys, dem Saum des afrikanischen Kontinents, entstanden mächtige Riffe, die heute in verschiedenen Regionen der Alpen (Dolomiten, Nördliche Kalkalpen) ausgedehnte Gebirgszüge aus Massenkalken aufbauen. An der Perm-Trias-Grenze ereignete sich der größte Fauneneinschnitt der Erdgeschichte (Massenaussterben und anschließende Entwicklung neuer Formen). Die Reptilien erreichten bereits große Ausmaße, es erschienen aber gegen Ende der Trias auch schon die ersten kleinwüchsigen Vorfahren der Säugetiere.

Im **Jura** änderte sich das Erscheinungsbild der Erde mit der beschleunigten Öffnung des Atlantiks grundlegend. Zunächst wurde durch die Abtrennung Nordamerikas von Pangaea eingeleitet (Öffnung des Nordatlantiks). Weite Teile Mitteleuropas und ganz Südwestdeutschland waren von flachen Randmeeren überflutet. Eine Gruppe der Ammonoideen überlebte die Trias-Jura-Grenze und ist der Vorfahr der Ammoniten, die sich im Jura zu großer Formenvielfalt entwickelten und wichtige Leitfossilien sind.

Zur Zeit der **Kreide** begann auch die Öffnung des Südatlantiks, wobei Afrika und Südamerika voneinander getrennt wurden. Mitteleuropa lag im Bereich flacher Randmeere oder erhob sich – wie der südwestdeutsche Raum – geringfügig über den Meeresspiegel, weshalb kreidezeitliche Sedimente in unserem Raum fehlen. Die Dinosaurier, die zu skurrilen Spezialformen entwickelten Ammoniten und viele andere Tiergruppen starben am Ende der Kreidezeit aus oder erlitten einen starken Einschnitt. Dieses Ereignis hängt vermutlich mit dem Einschlag eines kosmischen Körpers zusammen, dessen Einschlagsort erst in jüngster Zeit auf der Halbinsel Yucatan (Mexico) lokalisiert wurde. Am Ende der Kreidezeit begann die Dominanz der Säugetiere auf dem Festland.

Während des **Tertiärs** bahnte sich erneut eine bedeutende Gebirgsbildung an. Durch die Annäherung von Afrika an Europa und Kollisionen von dazwischen liegenden, kleineren Kontinentschollen kam es zur Alpidischen Orogenese. Dabei entstanden die Gebirgszüge in der Umrandung des Mittelmeeres (Alpen, Dinariden, Karpaten usw.). Diese alpidischen Krustenbewegungen haben aber auch den süddeutschen Raum stark beeinflußt, indem regionale Hebungen und Senkungen die Fluß- und Landschaftsentwicklung gesteuert haben. Im Tertiär löste sich auch der Indische Subkontinent von Afrika und kollidierte nach seiner schnellen, nordöstlichen Wanderung durch den Indik mit Asien. Dabei entstand das heute höchste Gebirge der Erde, der Himalaja. Das Klima war im Tertiär in Mitteleuropa überwiegend noch warm, zeitweise sogar tropisch (z.b. tropische Faunen aus dem Eozän der Grube Messel bei Darmstadt).

Die Temperaturen änderten sich im **Quartär** (2,6 Mio. J. bis heute) nach den ersten Kälteeinbrüchen im späten Tertiär grundlegend. Im **Pleistozän** (2,6 Mio. J.–10.000 J.) ereigneten sich weltweit mehrere, durch wärmere Phasen unterbrochene Kaltzeiten (Glaziale), während denen große Flächen Nordamerikas und Europas (z.b. Skandinavien, Rußland, Nord- und Mitteldeutschland, Alpenraum, auch Südschwarzwald) zeitweilig von Gletschern bedeckt waren. In den eisrandnahen Gräser- und Kräuter-Steppen lebten angepaßte Tiere wie Rentier, Mammut und Fellnashorn. In den wärmeren Zeitabschnitten breiteten sich auf höhere Temperaturen angewiesene Pflanzen (Bewaldung) und Faunen von ihren Rückzugsgebieten, z.B. aus dem Mittelmeerraum, wieder aus. Das **Holozän** (10.000 J. bis heute) schließlich ist der klimatisch ebenfalls etwas wechselhafte, aber insgesamt wieder wärmere Abschnitt nach dem Ende des Pleistozäns, der in hohem Maße durch die kulturelle Entwicklung des Menschen geprägt wurde.

3 Räumliche Gliederung und Besiedlungsgeschichte

Der größte Teil des behandelten Gebietes liegt in den Landschaftsräumen **Baar** und **Südschwarzwald**, teilweise auch im **Randen** und **Klettgau** (Abb. 2). Die Baar und der Südschwarzwald sind benachbarte, in ihrem Erscheinungsbild aber völlig unterschiedliche Mittelgebirgslandschaften im südwestlichen Baden-Württemberg. Als Baar wird heute ein unscharf abgegrenztes Gebiet bezeichnet, das zwischen dem Hotzenwald, dem Südschwarzwald und der Südwestalb liegt und nördlich in das Gäu übergeht. In der Baar liegen die Quellgebiete der Donau und des Neckars. Sie ist eine offene, aus überwiegend mesozoischen Sedimentgesteinen aufgebaute Schichtstufenlandschaft in Höhenlagen zwischen 350 und 900 Metern. Ihre Böden aus Kalk- und Mergelsteinen und die Topographie bieten günstige Voraussetzungen für landwirtschaftliche Nutzungen. Die zum niedrigeren Hochrhein südlich entwässernden Talsysteme sind tief eingeschnitten, wodurch sie sich von den flachen und weiten Oberläufen der Donau morphologisch deutlich abheben. Man unterscheidet deshalb in der Baar eine danubische von einer rheinischen Landschaft. Zu den danubischen Landschaftsteilen zählen vor allem die Hochflächen der Baar mit den breiten, zur Donau ausgerichteten Talniederungen und den umgebenden Hügeln und Schichtstufen. Die rheinischen Landschaftselemente sind dagegen die jüngeren Erosionsformen mit den tiefer eingeschnittenen, steilwandigen Tälern, die in die ältere, danubische Landoberfläche eingetieft wurden. Sie sind eine Folge der Erweiterung des Rhein-Einzugsgebietes, die heute noch andauert. Das jüngste und eindrucksvollste dieser rheinischen Täler ist die Wutachschlucht mit ihren Seitenästen. Durch Hangbewegungen und Felsabbrüche an den übersteilten Hängen wird dieses Gebiet noch heute in nachvollziehbaren Zeiträumen landschaftlich weiter umgestaltet.

Deutlich abgegrenzt von der Baar bildet der Südschwarzwald einen bis 1500 m aufragenden, tief zertalten Höhenzug, in dem das Grundgebirge zutage tritt. Über tektonisch zerrüttete Randzonen (Vorbergzone, Dinkelberg) fällt der Südschwarzwald im Süden und

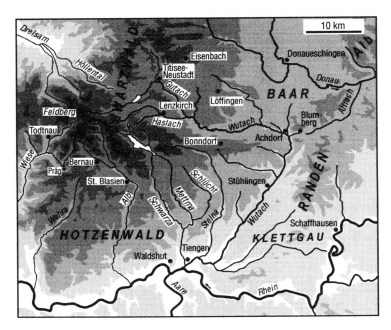

Abb. 2 Übersichtskarte der Wutachregion und des östlichen Südschwarzwaldes.

Westen steil zum Rheintal ab. An der Ostflanke hingegen, an der Grenze zur Baar und zum Gäu, taucht die Oberfläche des Grundgebirges flach unter das Gelände ab und geht fließend über in eine Schichtstufenlandschaft aus jüngeren Sedimentgesteinen (Baar). Wegen des hohen Reliefs und der sauren Böden wird im Schwarzwald vor allem Forstwirtschaft mit Nadelwald-Kulturen betrieben, deren dunkles Erscheinungsbild dem Schwarzwald auch seinen Namen gab.

Die Besiedlung der Baar und des Hochschwarzwaldes hing maßgeblich von den naturräumlichen Gegebenheiten ab, wobei in den einzelnen Epochen unterschiedliche Faktoren bei der Deckung der Lebensgrundlage und als Siedlungsanreiz maßgeblich waren. So bestimmten zunächst die Topographie, klimatische Verhältnisse und die Böden die Eignung dieser Region als Jagdgebiet oder

Ackerland, später wurden mineralische Rohstoffe wirtschaftlich wichtig, und die Verfügbarkeit von Holz als ehemals wichtigstem Energieträger mußte beim Standort energieintensiver Industrien (z.B. Verhüttung oder Glasindustrie) berücksichtigt werden.

Die früheste Anwesenheit des Menschen ist im behandelten Gebiet für die Altsteinzeit (bis ca. 10.000 Jahre vor heute) belegt. So existieren aus der Altsteinzeit und der Mittleren Steinzeit (ca. 10.000 – 6000 Jahre vor heute) einige Einzelfunde von der Baar und dem Südschwarzwald, die allerdings in einigen Fällen umstritten oder verschollen sind. Zu diesen Funden zählen eine verzierte Geweihspitze (Magdalénien) von Leipferdingen, ein Stichel von Trossingen, eine in einem Rinderknochen steckende kleine Feuersteinklinge (Mikrolith) von Schwenningen sowie mehrere Artefakte (u.a. eine Pfeilspitze aus der Jungsteinzeit), die vom Feldberggebiet stammen (SCHMIDT 1985, RIEPLE 1965). Die eher ungünstigen Erhaltungs- und Fundvoraussetzungen wie das Fehlen von Höhlen oder Felsdächern sind vermutlich mit verantwortlich für die spärliche Fundzahl in diesem Gebiet. Erst im Sommer 1997 fand man am westlichen Schwarzwaldrand bei Bollschweil 50.000 – 100.000 Jahre alte Artefakte zusammen mit Knochen kaltzeitlicher Großsäuger (u. a. Mammut, Rentier). Es ist noch zu klären, ob die Funde in einem Zusammenhang stehen und auf eine Jagdtätigkeit des Neandertalers im Rheintal geschlossen werden kann. Bei Schaffhausen liegen in nur geringer Entfernung zur Baar mit dem Keßlerloch (Thayngen), dem Schweizersbild und dem Petersfels berühmte Fundplätze aus der Jungsteinzeit (Magdalénien). In den kältesten Abschnitten der letzten Kaltzeit reichte der Rand der alpinen Gletscher etwa bis auf die Höhe von Schaffhausen, weshalb sich nördlich des Eisrandes vermutlich zeitweilig ergiebige Jagdgebiete befanden.

Seit der Jungsteinzeit sind von der Baar auch Siedlungen bekannt, deren Anzahl in der Bronze- und der Eisenzeit (Hallstatt-Zeit, La Tène-Zeit) zunimmt. Es sind vor allem Gräberfelder, die diese alten Siedlungsplätze markieren. Genannt seien hier nur ein bronzezeitlicher Friedhof bei Immendingen, Brandbestattungen der Urnenfelderzeit bei Donaueschingen, Grabhügel aus der Eisenzeit von Hattingen und Waldhausen sowie Einzelfunde aus demselben Zeitraum von Aselfingen und Überachen. Ehemalige keltische Siedlungen (Oppidien) werden auch bei Reiselfingen und Rötenbach vermutet. Auf die keltische Zeit gehen auch manche Orts- und

Flußnahmen zurück, z.B. die Bezeichnungen Donau, Brig und Breg (WACKER 1966).

Zu römischer Zeit verlief durch das untere Wutachtal und die Baar eine Heerstraße in Nord-Süd-Richtung, die den heutigen Schweizer Raum (Helvetien) mit der Limes-Region verband. Die größte bekannte römische Ansiedlung der Baar – vermutlich ein Militärlager – lag an diesem Verkehrsweg bei Hüfingen (Brigobanne). Heute ist dort ein römisches Bad zu besichtigen, welches überdacht und zu einem Museum gestaltet wurde. An der nördlichen Fortsetzung dieser Römerstraße liegen die römischen Orte Arae Flaviae (Rottweil) und Sumelocenna (Rottenburg). Außer dem Kastell sind auch einzelne römische Gutshöfe bekannt, z.B. bei Hüfingen, Zimmern, Fützen und Zollhaus.

Im 3. und 4. Jahrhundert n. Chr. verdrängten die Alemannen in einer Übergangsphase die Römer und gründeten kleine Siedlungen aus Holzhäusern, die heute nicht mehr überliefert sind. Ihre Friedhöfe, vor allem solche aus dem 6. – 8. Jahrhundert, sind aber von vielen Orten bekannt. Die bislang größten wurden bei Donaueschingen und Hintschingen (dabei Fürstengrab mit Goldblattkreuz) ausgegraben, zahlreiche kleinere liegen u.a. bei Bachheim, Bräunlingen, Göschweiler, Döggingen, Löffingen und Hausen. Aus alemannischer Zeit stammt auch die erste Überlieferung der Bezeichnung Baar (Bertholdsbaar) in einer Urkunde des 8. Jahrhunderts aus St. Gallen (WACKER 1966). Noch im 8. Jahrhundert kam die Baar mit der Gründung der Landgrafschaft Baar unter fränkische Verwaltung.

Vorausgreifend sei hier auch schon die Bedeutung des Bergbaus erwähnt (S. 32). Im Südschwarzwald spielte dabei vor allem der Blei-Silber-Bergbau sowie die Gewinnung von Eisen und Kupfer eine große Rolle. Die Erzvorkommen sind an Mineralgänge gebunden, die vor allem südlich des Feldbergs im Wiese-Tal, bei St. Blasien und in den Randgebieten des Schwarzwaldes südlich von Freiburg auftreten (v.a. St. Ulrich, Münstertal, Kropbach, Badenweiler). Der Abbau von Blei- und Silbererzen wurde schon aus römischer Zeit (vermutlich 2. und 3. Jhdt.) belegt. Im Mittelalter lebte der Bergbau im 8. und 10. Jahrhundert wieder auf und erreichte im 13. Jahrhundert einen Höhepunkt (STEUER 1990, MAUS 1990). Ab dem 16. Jahrhundert wurden in der Baar phasenweise sedimentäre Dogger-Eisenerze gewonnen und verhüttet, vor allem in der Region um Geisingen und Blumberg (S. 54). Unter den heutigen Verhältnissen ist der Bergbau nicht mehr wirtschaftlich, zudem sind manche Vorkommen erschöpft oder zu klein. Eine zeitweise überregionale Bedeutung hatte vor allem im 17. und frühen 18. Jahrhundert die Glasindustrie, die im südlichen Schwarzwald zahlreiche Standorte hatte (z.B. MAUS 1997).

Literatur

MAUS 1990, 1997, RIEPLE 1965, SCHMIDT 1985, STEUER 1990, WACKER 1966, Walcz 1983.

4 Geologische Übersicht

Aus geologischer Sicht sind das Wutachgebiet und der Südschwarzwald Teil eines zusammenhängenden und in seinen Grundzügen einheitlich aufgebauten Ausschnittes der Erdkruste, dem auch der größte Teil Südwestdeutschlands angehört. Diese geotektonische Einheit wurde schon früh als „Süddeutsche Großscholle" bezeichnet. Sie ist in Form eines Dreiecks umrandet vom Oberrheingraben im Westen, dem Molassebecken im Südosten und von den böhmischen und fränkischen Kristallingebieten im Nordosten. Im Folgenden wird ihr Grobbau im Bereich des südöstlichen Schwarzwaldes und der Wutachregion vorgestellt.

Die Kenntnis über den Aufbau der Erdkruste und des tieferen Untergrund beruht vor allem auf den Ergebnissen geophysikalischer Untersuchungen. In Südwestdeutschland liegt die Grenze zwischen der Erdkruste und dem Erdmantel (Mohorovičić-Diskontinuität, kurz Moho) nach geophysikalischen Erkundungen (Seismik) in einer Tiefe um 30 km, ein für kontinentale Erdkruste typischer Wert. Westlich des Schwarzwaldes ist die Krustenbasis aber in einer unter dem Oberrheingraben verlaufenden Nord-Süd-Achse auf ungewöhnlich niedrige Werte um 27 km angehoben. Im Hebungszentrum, das nahe der Vulkanregion des Kaiserstuhls liegt, steigt der Erdmantel sogar auf Tiefen von nur 24 km an (z.B. ILLIES 1974). Durch die Aufwölbung des Erdmantels (Mantel-Diapir) wurde die Erdkruste angehoben und gleichzeitig gedehnt, was zum Einbruch des Oberheingrabens und zur Hebung des Schwarzwaldes geführt hat. Solche langsam ablaufenden tektonischen Prozesse haben die spätere Abtragungs- bzw. Sedimentationsgeschichte gesteuert und Flußläufe vorgezeichnet. Sie trugen damit wesentlich zur Entwicklung der vielfältigen Landschaftsbilder Südwestdeutschlands bei. In späteren Kapiteln werden die tektonischen Vorgänge und die Landschaftsentwicklung näher erläutert. Eine überregionale Folge dieses lokalen Anstieges des Erdmantels ist die Verkippung des südwestdeutschen Schichtpaketes in südöstliche Richtung (Abb. 3). Am Südostrand des Schwarzwaldes beträgt der Neigungswinkel $3-6°$.

4 Geologische Übersicht 15

Die höhere Kruste ist in Südwestdeutschland zweigeteilt in ein kristallines Grundgebirge und ein sedimentäres Deckgebirge. Das Grundgebirge besteht überwiegend aus hochmetamorphen und plutonischen Kristallingesteinen (Kap. 5). Gneise, die bei Wärme- und Druckeinwirkung im Erdinneren aus der Umwandlung paläozoischer und vermutlich auch präkambrischer Gesteine entstanden sind, bilden dabei den größten Anteil der metamorphen Gesteine. In das Gneisgebirge sind vor allem im Oberdevon und Karbon während der Variszischen Orogenese (S. 19) in mehreren Phasen Gesteinsschmelzen mit granitischer Zusammensetzung eingedrungen. In besonderen Lagerungsstrukturen sind örtlich auch paläozoische Sedimente erhalten. Der Grundgebirgskomplex wurde vor der Ablagerung der Sedimentgesteine des Deckgebirges tief abgetragen und eingeebnet.

Auf dem kristallinen Gebirgsrumpf liegt das Deckgebirge aus einem Stapel von bis zu 700 Metern Sedimentgesteinen, die überwiegend aus der Trias und dem Jura stammen (Abb. 10, Kap. 6). Im Wutachgebiet ist diese Abfolge nahezu lückenlos erschlossen. Sie dokumentiert eine wechselhafte Geschichte, in der Südwestdeutschland zeitweise Festland oder der Boden eines flachen Meeres war. Weil die Schichtneigung von bis zu 6° nach Südosten steiler ist als der mittlere Geländeabfall an der Südostabdachung des Schwarzwaldes, treten mit zunehmender Entfernung vom Hebungszentrum immer jüngere Schichtglieder zutage (Abb. 3, 5). Im Bereich der stärksten Hebung, dem Schwarzwald, sind die Schichten des Deckgebirges abgetragen und das Grundgebirge freigelegt. Im Ausstrich des Deckgebirges hat sich in den unter-

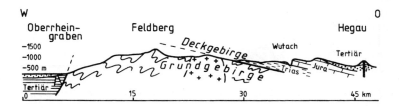

Abb. 3 Schematisches Profil vom Oberrheingraben zum Hegau durch den Südschwarzwald und die Baar.

schiedlich harten mesozoischen Sedimentgesteinen eine Schichtstufenlandschaft entwickelt (Kap. 7). Die auffälligste Schichtstufe bilden die Weißjura-Kalke am Westrand des Randen, die sich nordöstlich zur Alb hin fortsetzt.

Die geologische Übersichtskarte (siehe Umschlag) zeigt die Verbreitung der Grundgebirgsgesteine und der verschiedenen Deckgebirgseinheiten. Neben der Schichtneigung werden die Lagerungsverhältnisse auch bestimmt von örtlichen Bruchstrukturen und Flexuren (Abb. 4). Zwischen Titisee-Neustadt und dem Wutachknie bei Achdorf fließt die Wutach zum größten Teil in einer tektonischen Grabenzone, dem WNW-ESE ausgerichteten Bonndorfer Graben. Innerhalb des Grabens sind die Schichten an Bruch-

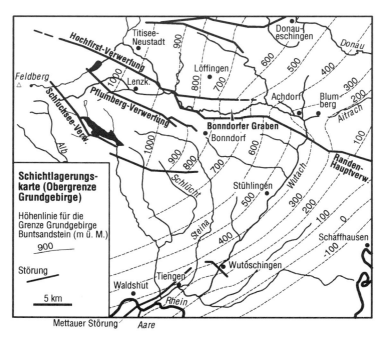

Abb. 4 Vereinfachte Schichtlagerungskarte, bezogen auf die Grenze zwischen dem Grund- und dem Deckgebirge. Die Schichtlagerung wird vor allem bestimmt durch das südöstliche Schichteinfallen und die Versätze im Bereich des Bonndorfer Grabens.

flächen um 200–300 m abgesenkt worden. Die äußersten Grabenränder liegen etwa 15 km weit auseinander und verlaufen im Norden bei Donaueschingen, im Süden bei Bonndorf. Der Bonndorfer Graben ist der mittlere Teilabschnitt einer etwa 200 km langen Bruchzone, die sich vom Oberrheingebiet bis in den Bodenseeraum erstreckt. Sie steht im Zusammenhang mit alpidischen tektonischen Prozessen, die im Tertiär auch den südwestdeutschen Raum erfaßt haben und einen großen Einfluß auf die Landschafts- und Flußentwicklung hatten (Kap. 7.1). Schließlich wurde das tertiäre Relief im Pleistozän weiterentwickelt. Daran waren tektonische Bewegungen und vor allem die Auswirkungen extremer und wechselhafter klimatischer Bedingungen beteiligt. In den Kaltphasen reichten die vom Feldberggebiet ausgehenden Talgletscher des Südschwarzwaldes bis in Lagen um 800 m hinab. Sie haben dabei die Morphologie erheblich verändert und glaziale Ablagerungen hinterlassen. Auch die meisten fluvialen Sedimente in den Flußtälern stammen aus den verschiedenen Abschnitten des Pleistozäns (Kap. 7.2).

Literatur

GEYER & GWINNER 1991, ILLIES 1974.

4 Geologische Übersicht

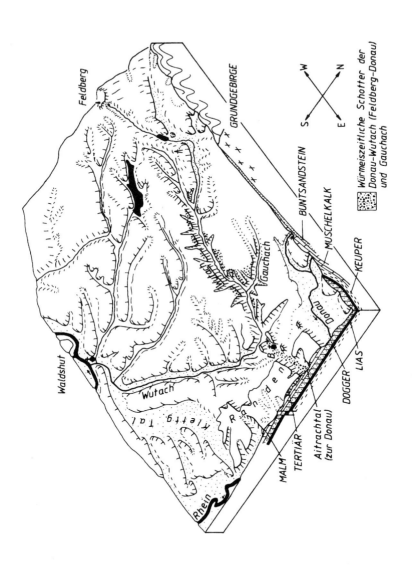

Abb. 5 Geologisches Blockbild der Wutachregion (stark vereinfacht).

5 Grundgebirge

5.1 Einführung

Die Entwicklung des Grundgebirges erstreckte sich über einen langen Zeitraum des Paläozoikums. Sie beinhaltet mehrere Gebirgsbildungs- und Aufheizungsphasen (Orogenesen), während denen magmatische Gesteine entstanden sind (orogener Magmatismus) oder das schon existierende Gebirge durch die Einwirkung von Wärme und Druck (Metamorphose) sowie mechanische Deformation überprägt wurde. Als Ergebnis dieser Vorgänge liegt uns heute ein Gebirgskörper aus einer Vielzahl magmatischer und metamorpher Gesteine vor, die zum Teil in komplizierten Lagerungsbeziehungen zueinander stehen. Manche Gesteine wurden sogar mehrfach umgewandelt, wodurch ihre ursprüngliche Beschaffenheit heute weitgehend verschleiert ist. Magmatische und metamorphe Gesteine faßt man auch unter dem Begriff „Kristallin-Gesteine" zusammen. Im Folgenden werden die Grundzüge des Aufbaus und der Entwicklung des Grundgebirges von einem Teilgebiet des südöstlichen Schwarzwaldes vorgestellt. Dazu gehört vor allem die Feldbergregion mit den umliegenden Nebentälern und das sich östlich und südöstlich anschließende Kristallingebiet. In dieser Gegend sind mehrere Grundgebirgsstockwerke und Gesteine aus verschiedenen Bildungszeiträumen erschlossen.

Im größeren geologischen Rahmen gehört das Grundgebirge des Schwarzwaldes zu einer von der Iberischen Halbinsel bis an den Rand Osteuropas geschwungen verlaufenden Struktur, die als Variszisches Orogen oder **Varisziden** bezeichnet wird (nach dem germanischen Volksstamm der Varisker). Sie erhielt ihre wesentliche Prägung im Zeitraum Devon/Karbon bei der Annäherung und Kollision von Gondwana, dem paläozoischen Südkontinent, mit der nördlichen Kontinentmasse Laurasia (u.a. Europa, Asien, und Nordamerika). Die Varisziden sind entlang ihrer Erstreckung über fast 3000 km in parallele Zonen gegliedert. Der Schwarzwald liegt in dem hochmetamorphen Kernbereich der Varisziden, der in Mitteleuropa als Moldanubikum bezeichnet wird (z.B. SCHÖNENBERG & NEUGEBAUER 1997).

5 Grundgebirge

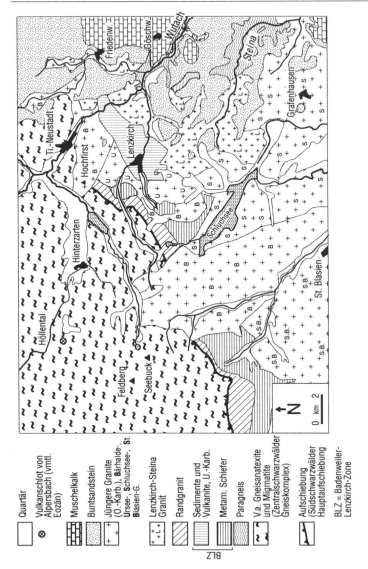

Abb. 6 Geologische Übersichtskarte des Grundgebirges im südöstlichen Schwarzwald. Stark vereinfacht nach METZ & REIN 1958.

5.1 Einführung

Im Grundgebirge des südöstlichen Schwarzwaldes dominieren verschiedene Gneise (bzw. Gneisanatexite) und Granite, die während der variszischen Gebirgsbildung gebildet wurden und hier in zahlreichen Ausprägungen vorliegen. Daneben sind örtlich entlang einer tektonischen Struktur, der SW-NE verlaufenden Badenweiler-Lenzkirch-Zone, Sedimente und Vulkanite aus dem Devon und Karbon erhalten, die zum Teil schwach metamorph sind. Überwiegend jünger (spätvariszisch) sind die verschiedenen Ganggesteine und die teilweise vererzten hydrothermalen Spaltenfüllungen.

Granite sind die häufigsten Vertreter der plutonischen Gesteine. Sie entstehen tief im Erdinneren durch eine kontinuierliche Mineralausscheidung aus einer langsam abkühlenden Gesteinsschmelze (Magma). Infolge des langsamen Mineralwachstums entwickelt sich das grobkristalline Mineralgefüge der Granite mit den Hauptbestandteilen Quarz, Plagioklas, Kalifeldspat, helle und dunkle Glimmer sowie Hornblende (z.B. Abb. 9). Ihre Anteile können in gewissen Grenzen variieren. Bei einer normalen Zunahme der Temperatur mit der Tiefe (ca. 3 °C/100 m, große Abweichungen jedoch möglich) entstehen Granite in Tiefen um 10–20 km, wo Drücke um 5 kbar herrschen. Im südöstlichen Schwarzwald treten verschiedene Granittypen aus unterschiedlichen magmatischen Ereignissen auf. Sie unterscheiden sich voneinander im Mineralbestand und im Gefüge, d.h. der Anordnung und Größe der Minerale. Ob das Magma aus der Tiefe (Erdmantel) stammt oder aus der Aufschmelzung eines anderen Gesteins hervorgegangen ist, kann aus seinem Chemismus abgeleitet werden.

Gneise entstehen im fortgeschrittenen Stadium einer als **Metamorphose** bezeichneten Entwicklung, in der Gesteine unter dem Einfluß steigender Drücke und Temperaturen durch Umkristallisation zunehmend verändert werden. Die chemische Zusammensetzung bleibt dabei im wesentlichen erhalten, auch wenn eine Stoffzufuhr (z.B. in Lösungen) möglich ist. Durch Um- oder Neubildungen entstehen dabei Minerale, die den herrschenden Druck- und Temperaturverhältnissen angepaßt sind (Metamorphose-Grad) und damit Rückschlüsse auf die Entstehungsbedingungen (Temperatur, Tiefe) zulassen. Gneise werden in einem Stadium hoher Metamorphose erzeugt und es kann von Bildungstemperaturen um 500–650 °C ausgegangen werden. Werden Teile des Gesteins umkristallisiert oder sogar aufgeschmolzen (meist Quarz und Plagioklas), wie es bei einigen Gesteinen im Schwarzwald der Fall war, spricht man von **Anatexis** (griech. Schmelzen). Im frühesten Stadium findet ein Größenwachstum der Feldspat-Kristalle statt (Metablastese). In einem späteren Stadium (Metatexis) werden vor allem Quarz und Feldspat geschmolzen, mobilisiert und in hellen Bändern angereichert. Ist das Gestein komplett durchgeschmolzen, liegt ein Diatexit (Abb. 8) vor. Im Endstadium ist das Material zu einem palingenen, aus aufgearbeitetem Krustenmaterial gebildeten Magma verflüssigt, aus dem nun granitische Gesteine entstehen können. Gneise sind gekennzeichnet durch eine lagige Textur, bei der die helleren Zonen vor allem aus Quarz und Feldspat bestehen. In den dunkleren Lagen sind meist Biotit (dunkler Glimmer) und Hornblende angereichert, deren flächige oder stengelige Kristalle unter gerichteter Druckeinwirkung eingeregelt wurden. Manchmal sind in den Gneisen Relikte ihrer Ausgangsgesteine zu erkennen. Als Paragneise werden Gneise bezeichnet, die aus Sedimenten hervorgegangen sind. Orthogneise sind dagegen bei der Umwandlung von kristallinen Gesteinen, meist Granit, entstanden.

Die Verteilung der verschiedenen Grundgebirgsgesteine ist eng an Strukturgrenzen gebunden (Abb. 6). Im betrachteten Gebiet treten die ältesten Gesteine, die Gneise, vor allem in der Feldberg-Region auf. Diese Gneisvorkommen liegen im südlichen Randbereich des **Zentralschwarzwälder Gneiskomplexes**, der aus verschiedenen Gneisen aufgebaut ist und den größten Teil des mittleren Schwarzwaldes einnimmt. An einer kompliziert gebauten Scherzone, der **Südschwarzwälder Hauptaufschiebung**, gehen die Gneise südöstlich über in eine schwach metamorphe und tektonisch deformierte Abfolge aus vulkanischen Gesteinen und klastischen Sedimenten (Konglomerate, Sandsteine), die überwiegend aus dem Oberdevon und Unterkarbon stammen. Einige Vorkommen metamorpher Schiefer konnten erst in jüngster Zeit paläontologisch in das Silur datiert werden (MONTENARI & MAASS 1996). Diese paläozoischen Ablagerungen liegen in einer geschwungen Ost-West verlaufenden, etwa 25 km langen Tiefenstruktur, die als **Badenweiler-Lenzkirch-Zone** bezeichnet wird. Zwischen dieser und dem Gneisgebiet sind stellenweise noch der Randgranit sowie Zonen mit großwüchsigen Kalifeldspat-Kristallen (Einsprenglinge) zwischengeschaltet; beide Gesteine sind tektonisch deformiert. Jünger als die bisher genannten Grundgebirgsgesteine sind die meisten Granit-Plutone des südöstlichen Schwarzwaldes, denn sie durchdringen die Badenweiler-Lenzkirch-Zone und das Gneisgebirge (Abb. 6). Eine ältere Granitgeneration entstand aber noch vor der Ablagerung von Teilen der Badenweiler-Lenzkirch-Zone, denn die Granite sind dort als Komponenten in Konglomeraten enthalten.

5.2 Entwicklung des Grundgebirges

Der heutige Kenntnisstand über die Entwicklung des Grundgebirges (Abb. 7) gründet vor allem auf der Entschlüsselung von Altersbeziehungen zwischen den verschiedenen Gesteinen und Rekonstruktionen der jeweiligen Bildungsbedingungen und -alter. Grundlage hierfür sind zunächst detaillierte Geländeuntersuchungen und -darstellungen (z.B. METZ & REIN 1958) sowie mikroskopische und chemische Gesteinsuntersuchungen. Die zunehmend ausgereifteren chemisch-physikalischen Analyseverfahren ergänzen und präzisieren die mit klassischen Methoden erzielten Ergebnisse. Dazu zählen vor allem radiometrische Altersbestimmungen der Gesteinsbildungen und der Metamorphose-Stadien. Aus der stofflichen Zusammensetzung des Gesteins ergeben sich zusätzlich Hinweise auf die Abstammung des Ausgangsmaterials, und aus experimentellen Simulationen der Gesteinsbildung können die Temperaturen und Drücke während der Gesteinsbildung abgeleitet werden. Zunehmend werden auch plattentektonische Vorstellungen bei den Entwicklungsmodellen des Grundgebirges berücksichtigt (z.B. KROHE & EISBACHER 1988).

Die ältesten Grundgebirgsgesteine sind die hochmetamorphen Gneisanatexite, die sich in mehreren Aufheizungsphasen im Paläozoikum entwickelt haben. Als Ausgangsgestein des Gneisgebirges vermutet man mächtige Ablagerungen aus präkambrischen und frühpaläozoischen Grauwacken (sandige Meeresablagerungen aus Quarz und Feldspat) und Tonsteine mit vulkanischen Anteilen (Tuffe). Diese wurden in mehreren Schüben unter Druck so stark aufgeheizt, daß sich eine Metamorphose mit Mineralumwandlungen einstellte.

Im frühen Paläozoikum wurde das sedimentäre Ausgangsgestein tief versenkt und bei sehr hohen Temperaturen und Drücken in Teilbereichen aufgeschmolzen (1. Anatexis, zum Begriff siehe auch S. 22). Dabei entstanden Magmen, die als plutonische Gesteinskörper in höheren Gebirgsstockwerken wieder auskristallisierten. Das Alter dieses magmatischen Ereignisses beträgt vermutlich etwa 520 Millionen Jahre (TODT & BÜSCH 1981). An einigen Gesteinen der Zentralschwarzwälder Gneismasse wurden allerdings auch höhere Alter gemessen. Sie lassen auf ältere Krustenanteile im Gneisgebirge schließen, deren ursprüngliche Ausprägung trotz nachfolgender Metamorphosen nicht völlig verwischt wurde.

Die zweite Anatexis ist das thermische Ereignis, bei dem in Temperaturbereichen um 600 – 650 °C aus den schon vorhandenen Gesteinen Gneise entstanden sind (HOFMANN & KÖHLER 1973). Das Ausgangsmaterial der Orthogneise (im Schwarzwald auch als Schapbach-Gneise bezeichnet) waren die zuvor gebildeten magmatischen Gesteine. Die noch von dem älteren Magmatismus betroffenen oder erst später abgelagerten Sedimente wurden zu Paragneisen (Renchgneise) umgewandelt. Vermutlich kurz darauf wurden die Ortho- und Paragneise in einer dritten Anatexis auf Temperaturbereiche um etwa 700 °C erhitzt und vor allem die Quarz- und Feldspatanteile aufgeschmolzen. Das Ergebnis dieses Ereignisses sind die Gneisanatexite der Zentralschwarzwälder Gneismasse, die zum Beispiel in der Feldbergregion vorkommen. Auffallend an diesen Gesteinen sind helle Bänderungen, in denen die ehemals aufgeschmolzenen und mobilisierten Minerale angereichert sind. Zudem wurde das Gestein durch mechanische Beanspruchung plastisch deformiert, wie es die komplizierten Fältelungen deutlich zeigen (Abb. 8). Es wird vermutet, daß diese durch hohe Temperaturen und geringen Druck charakterisierte Metamorphose und Anatexis kurz vor der einsetzenden Gesteinsabkühlung ihren Höhepunkt erreichte (KROHE & EISBACHER 1988). Dieser Beginn der Abkühlung wurde an Einzelmineralen auf etwa 330 – 340 Millionen Jahre vor heute datiert. Das Gesamtgesteinsalter (Mischalter, bestimmt am kompletten Mineralbestand) ist mit 470 Millionen Jahren (Ordovizium) erheblich höher und repräsentiert möglicherweise ein früheres Metamorphose-Ereignis.

Der Beginn der Gesteinsabkühlung steht vermutlich in Zusammenhang mit den einsetzenden Bewegungen an der Südschwarzwälder Hauptaufschiebung. Dabei wurde das Gneisgebirge aus großer Tiefe über mehrere Kilometer entlang von Gleitflächen auf paläozoische Sedimente und Vulkanite verschoben, die ehemals das Gneisgebirge überdeckt haben. Im Zusammenhang mit diesen Bewegungen fanden nahe der Scherzone komplizierte Deformationen statt. Kurz vor oder während dieser Bewegungen entstand auch der Randgranit. Er ging vermutlich hervor aus einer erneuten anatektischen Überprägung der Gneisanatexite in einem schmalen Gebiet am Südostrand der Südschwarzwälder Gneismasse. Die Entstehungsweise der begleitenden Zonen mit großwüchsigen Kalifeldspäten (Porphyroblasten) wird noch diskutiert (z.B. BÜSCH & MEHNERT 1993). Die Vorkommen des Randgranits mit den Großfeldspat-Zonen liegen in einem Streifen zwischen dem Gneisgebiet und der Badenweiler-Lenzkirch-Zone. Beide Gesteine zeigen Deformationen durch Scherbewegungen, welche kurz nach der Gesteinsbildung stattgefunden haben. Altersbestimmungen am Südostrand des Gneis-Gebietes lieferten Werte um 340 Millionen Jahre (WERLING & ALTHERR 1986). Etwa im gleichen Zeitraum wie der Randgranit entstand vermutlich auch der Lenzkirch-Steina-Granit, der zu der älteren Generation der Südschwarzwälder Granite gehört und im behandelten Gebiet großflächig ansteht. Vom Lenzkirch-Steina-Granit liegen stark abweichende Altersdaten im Bereich von 340–427 Millionen Jahren vor (z. B. GEYER & GWINNER 1991). Im Gegensatz zu den jüngeren Graniten sind an ihm ebenso wie am Randgranit Deformationen feststellbar, die annehmen lassen, daß er noch vor dem Ausklingen der Schubbewegungen gebildet wurde. Mit der Entstehung des Randgranits endet die Entwicklung des Zentralschwarzwälder Gneiskomplexes im wesentlichen. Er wird als Krustenkomplex angesehen, der im Zusammenhang mit der gegenseitigen Annäherung von Laurasia und Gondwana durch einen SE-gerichteten Schub auf die paläozoische Sedimentserie der Badenweiler-Lenzkirch-Zone aufgeschoben wurde.

Wie die geologische Übersichtskarte (Abb. 6) zeigt, durchdringen die Plutone der jüngeren Granitgeneration die bis dahin gebildeten Strukturen und Gesteine. Schon aus den Lagerungsverhältnisse läßt sich also ihr jüngeres Alter ableiten. Aber auch die fehlenden Deformationen sind ein Hinweis auf ihre Entstehung nach der Schubphase. Im beschriebenen Gebiet sind der Bärhalde- und der Schluchsee-Granit, die vermutlich genetisch miteinander in Zusammenhang stehen, die verbreitetsten Gesteine dieser Granit-Generation. Sie haben radiometrische Alter um 315–285 Millionen Jahre und entstanden demnach im Oberkarbon, also beim Höhepunkt der variszischen Gebirgsbildung (Orogenese).

26   5 Grundgebirge

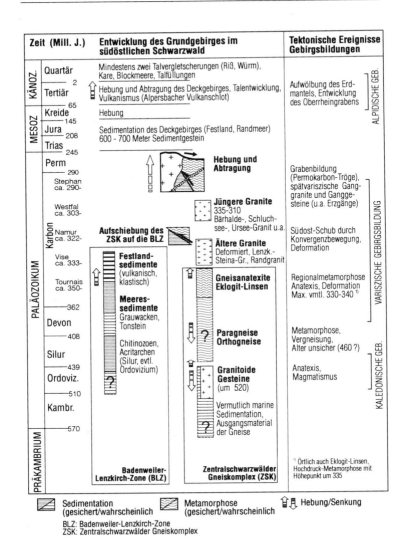

Abb. 7 Übersicht zur Entwicklung des Grundgebirges im südöstlichen Schwarzwald.

In der Spät- und Endphase der variszischen Gebirgsbildung drangen im Bereich von Dehnungsstrukturen Restschmelzen des granitischen Magmas und hoch mineralisierte Lösungen in das Gebirge ein. Aus diesem Stadium stammen die meisten Ganggesteine und Spaltenfüllungen des Südschwarzwaldes. Die Ganggesteine sind überwiegend feinkörnige Ganggranite (Granophyre, Granitporphyre), Lamprophyre und Porphyre (z.B. Beobachtungspunkt 29). Im beschriebenen Gebiet treten vor allem Ganggranite auf, die überwiegend an NW-SE gerichtete Strukturen gebunden sind. An Granitporphyren wurden hauptsächlich Alter aus dem Zeitraum Oberkarbon-Perm (z.T. auch Trias) gemessen.

Durch Mineralausscheidungen aus in Klüften zirkulierenden heißen wässrigen Lösungen (sog. hydrothermale Lösungen, Temperatur bis 350 °C) entstanden vor allem südwestlich und westlich des Feldbergs verbreitet **hydrothermale Gänge**. Es sind schmale Spaltenfüllungen aus verschiedenen Mineralen und Erzen, auf die in einigen Gebieten früher Bergbau betrieben wurde (S. 32). Die verschiedenen Minerale kristallisierten aus den heißen Lösungen auf den Kluftwänden nacheinander aus. Anders als die aus Restschmelzen der Granite gebildeten Ganggesteine (Granophyre, Aplite usw.) sind die hydrothermalen Gänge vor allem NNO-SSW und NW-SE orientiert, woraus auf ihr relativ jüngeres Alter geschlossen wird. Manche der Gänge sind sogar in das Deckgebirge eingedrungen und müssen somit ein mesozoisches Alter haben (vererzter Buntsandstein).

5.3 Gesteine des Grundgebirges

Im beschriebenen Gebiet treten eine große Anzahl verschiedener Grundgebirgsgesteine auf, die oftmals regionale Variationen und Übergangsformen aufweisen. In diesem Rahmen können nur einige verbreitete Typen beschrieben werden. Genauere zusammenfassende Darstellungen geben METZ & REIN (1958), WIMMENAUER (1982) und die Erläuterungen zu den Geologischen Karten dieser Region (Blätter 1:25.000 Feldberg, Titisee-Neustadt, Lenzkirch).

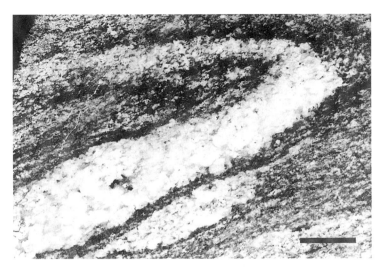

Abb. 8 Anatektischer Gneis (Gneisanatexit, Migmatit) vom Feldberg (Anschliff). Maßstab 1 cm.

Gneisanatexite der Feldbergregion

Im betrachteten Gebiet treten verschiedene Typen von Gneisen und Gneisanatexiten auf, die dem variszischen Anteil des Grundgebirges angehören (z.B. Beobachtungspunkte 37, 38). Die größte Verbreitung haben dabei Gneise und anatektisch überprägte Gneise des Zentralschwarzwälder Gneiskomplexes, die vor allem im Bereich des Feldbergs auftreten. Das graue bis dunkelgraue Gestein zeigt einen lagig-schiefrigen Aufbau durch einen Wechsel zwischen dunklen biotit- und hornblendereichen Lagen, und hellen Zonen aus Quarz und Feldspat. Bei metatektischer Überprägung (Anatexis, S. 22) sind sie durchzogen von hellen Bändern aus den aufgeschmolzenen Anteilen des Ausgangsgesteins (v.a. Quarz und Feldspat). Häufig sind die Bänderungen eng verfaltet (Abb. 8). Die Ausprägungen können sich auch kleinräumig ändern.

Paragneise im Wutachtal

Südöstlich der Südschwarzwälder Hauptaufschiebung und der angeschlossenen Badenweiler-Lenzkirch-Zone treten z.B. im Wutachtal westlich der Schattenmühle zwischen den jüngeren Granit-Intrusionen Paragneise zutage, die einen etwas anderen Aufbau als die Gneise der Feldbergregion zeigen. Sie sind sehr feinlagig (mm-Bereich) und örtlich metatektisch überprägt. Im wesentlichen zeigen sie eine ähnliche mineralische Zusammensetzung wie die Gneise und Gneisanatexite des Feldberggebiets.

Amphibolite

Innerhalb der Gneisanatexite der Feldbergregion sind örtlich kleine Amphibolit-Linsen enthalten. Der Mineralbestand dieser Gesteine setzt sich überwiegend zusammen aus Hornblende und Plagioklas, untergeordnet aus Pyroxen und örtlich Granat sowie einigen Spurenmineralen (u.a. Zirkon, Titanomagnetit, Apatit, Quarz). Sie sind deshalb interessant, weil sie in einigen Gebieten wie z.B. in der Umgebung des Mathisleweihers reich an Granaten sind, die auf eine tiefe Versenkung des tonigen Augangsmaterials bei der Metamorphose (Hochdruck-Metamorphose) hindeuten (METZ & REIN 1958). Solche Bedingungen herrschen überwiegend an konvergierenden Plattengrenzen, an denen Schollen ozeanischer Erdkruste (Basalt) in große Tiefen versenkt werden.

Paläozoische Schiefer und Sedimente der Badenweiler-Lenzkirch-Zone

Im Raum Lenzkirch sind die nordöstlichsten Ausläufer einer Strukturzone aufgeschlossen, die noch Material der ehemaligen Überdeckung der Landoberfläche aus dem Zeitraum Oberdevon-Unterkarbon enthält (sog. Badenweiler-Lenzkirch-Zone). Es sind überwiegend grobklastische Sedimente, also der Abtragungsschutt der ehemaligen Geländeoberfläche, sowie unterschiedliche vulkanische Ablagerungen wie Tuffe und Porphyre. Da sie in einer tektonisch stark beanspruchten Region auftreten, sind sie oft intensiv zerschert und steil gelagert.

Unterkarbon: Aus dem Unterkarbon stammen vor allem Grauwakken und Schiefer, deren Alterszuordnung auf Grundlage von Conodonten (mm-große Leitfossilien, Ordovizium bis Trias) und Radiolarien (Einzeller mit kieseligem Skelett) erfolgte. Grauwacken sind vor allem im Paläozoikum verbreitete, von den Kontinenten her geschüttete klastische Meeressedimente mit den Hauptkomponenten Quarz und Feldspat. Die instabileren Feldspäte können auch zersetzt sein (serizitisiert). Im höheren Unterkarbon (Visé) sind ebenfalls Schiefer und Grauwacken verbreitet. Es treten aber verschiedene vulkanische Ablagerungen hinzu, die eine verstärkte magmatische Aktivität belegen. Sie steht vermutlich in Zusammenhang mit dem Höhepunkt der variszischen Gebirgsbildung, der Konsolidierung von Pangäa. Der Ablagerungsraum im Visé war wie zuvor entweder festländisch oder ein festlandnahes, flaches Meeresbecken. Im Raum Lenzkirch in den Schiefern gefundene Pflanzenreste (u.a. *Lepidodendron, Calamites*) belegen die Nähe zum Festland (z.B. BANGERT 1991). Aus den dunklen Schiefern sind auch Fischreste bekannt (z.B. am Haßelberg, s. BANGERT 1991).

Die angesprochenen vulkanischen Ablagerungen bestehen hauptsächlich aus den sogenannten Trümmerporphyren. Es handelt sich hierbei um inhomogene, sog. pyroklastische Gesteine mit einer feinen, meist grünen oder rötlichen Grundmasse und darin eingelagerten Bruchstücken des durchschlagenen Gesteins, die bei den Eruptionen zugemengt wurden. Die Komponenten bestehen überwiegend aus Grauwacken und Schiefern, örtlich auch aus Lenzkirch-Steina-Granit.

In der Hauptstreichrichtung der paläozoischen Ablagerungen verlaufen Zonen, in denen Konglomerate auftreten. Aufgrund der Farbvielfalt ihrer Komponenten werden sie als Buntes Konglomerat bezeichnet. In den Wutach-Schottern erzeugt das Bunte Konglomerat zusammen mit den Trümmerporphyren trotz ihres geringen Anteils immer auffallende Komponenten, die eindeutig dem kleinen Herkunftsgebiet zugeordnet werden können (Leitgerölle). Die meist groben und z.T. nur kantengerundeten Komponenten setzen sich zusammen aus Grauwacken und Schiefer (bis 70 %), Porphyr und Lenzkirch-Steina-Granit, sowie zu geringeren Anteilen aus anderen Graniten, Trümmerporphyren, Konglomeraten und Quarziten (BANGERT 1991). Die Ausstriche liegen im Bereich von Lenzkirch und an den Talhängen der Gutach.

Granite

Lenzkirch-Steina-Granit: Der Lenzkirch-Steina-Granit hat eine große Verbreitung im betrachteten Gebiet (Beobachtungspunkt 5). Er gehört zusammen mit dem Randgranit zur älteren Generation der variszischen Granite, die nach der Platzname noch deformiert wurden – besonders im Randbereich zu der Badenweiler-Lenzkirch-Zone. Die bislang vorliegenden Alter liegen um 350 Millionen Jahre. In der Lotenbachklamm ist er gut aufgeschlossen und zeigt dort auffallende bis zu mehrere cm-großen Kalifeldspäte (Porphyroblasten) in dem grobkristallinen Gefüge aus den Hauptgemengteilen Plagioklas, Quarz und Biotit. Es existieren aber auch feinkörnigere Variationen.

Jüngere Granite: Die wichtigsten Granite der jüngeren Generation (Oberkarbon) sind im beschriebenen Gebiet der Bärhalde-Granit (z.B. Beobachtungspunkte 34, 40), der Ursee-Granit und der Schluchsee-Granit. Besonders weit verbreitet ist hier der **Bärhalde-Granit,** dessen radiometrisches Alter mit 333 ± 2 Millionen Jahre angegeben wird (WENDT et al. 1970). Sein verhältnis-

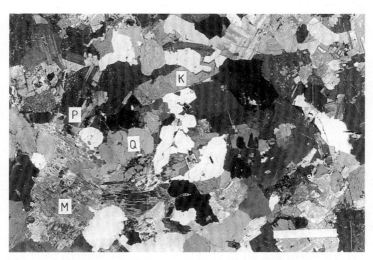

Abb. 9 Dünnschliff von Bärhalde-Granit (Probe vom Hochfirst) zwischen gekreuzten Polarisatoren unter dem Mikroskop. Q = Quarz, K = Kalifeldspat, P = Plagioklas, M = Muskovit. Maßstab 2 mm.

mäßig junges Alter ergibt sich auch aus seiner relativen Lagerungsbeziehung zu den paläozoischen Sedimenten, die er mitsamt ihren strukturellen Begrenzungen durchschlägt – am deutlichsten westlich des Windgfällweihers (Abb. 6). Auch im Hochfirstgebiet tritt er großflächig auf und zeigt dort an manchen Stellen die typisch granitische Wollsackverwitterung. Unter Wollsackverwitterung versteht man die vor allem von Klüften (Trennflächen) ausgehende Verwitterung von Felspartien zu teilweise auch freistehenden Gesteinskörpern mit auffallend rundlichen Begrenzungen, deren Erscheinungsbild an gelagerte Säcke erinnert. Der Bärhalde-Granit ist in der Normalausprägung sehr grobkörnig und von rötlicher Färbung, die auf fein verteiltes Eisenoxid (Hämatit) zurückgeht. Der Mineralbestand setzt sich vor allem zusammen aus Kalifeldspat, Plagioklas, Muskovit und Biotit (Zweiglimmer-Granit, Abb. 9). Das Gestein zergrust leicht und bildet an den Hängen des Hochfirstes rötliche Schuttdecken unterschiedlicher Körnung. Einen ähnlichen Aufbau zeigt der ebenfalls rötliche, aber etwas feinkörnigere **Ursee-Granit**. Der **Schluchsee-Granit** (363 ± 3 Millionen Jahre) steht vermutlich ebenfalls genetisch in Zusammenhang mit dem Bärhaldegranit (LECHNER & HAHN-WEINHEIMER 1974), er ist aber etwas älter. Sein Verbreitungsgebiet liegt etwas weiter südlich in der Umgebung und südöstlich des Schluchsees. Im Gegensatz zum Bärhalde-Granit ist er härter und hellgrau gefärbt. Seine Zusammensetzung ist ähnlich wie beim Bärhaldegranit mit den Hauptgemengteilen Kalifeldspat, Plagioklas, Biotit. Neben dem radiometrischen Alter deuten auch rötliche Verfärbungen im Kontaktbereich zum Bärhalde-Granit darauf hin, daß er etwas älter als dieser ist (METZ & REIN 1958).

5.4 Bergbau

Im Schwarzwald galt der Bergbau vor allem den oben erwähnten hydrothermalen Gängen, in denen verschiedene verwertbare mineralische Rohstoffe und Erze angereichert sind. Heute werden die Restvorkommen mangels Wirtschaftlichkeit nicht weiter abgebaut. Von der Römerzeit bis in die Mitte dieses Jahrhunderts hatte der Bergbau aber phasenweise eine große Bedeutung. Regional treten Gangscharen mit einem charakteristischen Mineralinhalt auf. Die häufigsten und früher zum Teil auch wirtschaftlich bedeutsamen

Gangminerale (Gangart) sind Quarz (SiO_2), Fluorit (CaF_2) und Schwerspat (Baryt, $BaSO_4$). Wichtige Erzminerale sind der Bleiglanz (PbS), Silberglanz (Ag_2S), Eisenspat (Siderit, $FeCO_3$), Kupferkies ($CuFeS_2$), Pyrit (FeS_2) und die Zinkblende (ZnS). Wegen seines Silbergehalts war der Bleiglanz lange Zeit begehrt. Das Silber tritt gebietsweise aber auch gediegen (elementar) auf.

Die Hauptreviere des südlichen Schwarzwaldes liegen westlich und südwestlich des Schwarzwald-Hauptkammes und damit außerhalb des hier behandelten Gebietes. Wegen ihrer Bedeutung sollen sie hier aber zumindest erwähnt werden. Es sind die Gebiete Münstertal, St. Ulrich, Sulzberg, Wieden und Todtmoos, in denen vor allem Silber-, Blei- und Kupfererze abgebaut wurden (MAUS 1990). Nordöstlich von Titisee-Neustadt liegen um Eisenbach mehrere Gangreviere, die vor allem Eisen- und Manganerze sowie Schwerspat als nutzbare Rohstoffe führen (BLIEDTNER & MARTIN 1986). Bei Eisenbach wurde nachweisbar schon im 16. Jahrhundert Eisen verhüttet und später auch eine Hammerschmiede betrieben. Aus dem Krunkelbachtal bei Menzenschwand sind etwa seit 1950 Vorkommen uranhaltiger Minerale bekannt, die an hydrothermale Gänge im Bärhaldegranit gebunden sind (METZ 1980). Diese Funde waren in der Folgezeit Gegenstand näherer Untersuchungen, mehrere Untersuchungsstollen wurden angelegt (z.B. stillgelegter Stollen unter dem Rabenfelsen). Die Gänge führen hauptsächlich Quarz, Eisenglanz, Flußspat, Schwerspat und als uranhaltige Hauptminerale Pechblende (UO_2) und Coffinit (Uransilikat).

Literatur

BANGERT 1991, BLIEDTNER & MARTIN 1986, BÜSCH & MEHNERT 1993, GEYER & GWINNER 1991, HOFMANN & KÖHLER 1973, KROHE & EISBACHER 1988, LECHNER & HAHN-WEINHEIMER 1974, LIPPOLT et al. 1978, MAUS 1990, METZ 1980, METZ & REIN 1958, MONTENARI 1996, MONTENARI & MAASS 1996, SCHÖNENBERG & NEUGEBAUER 1997, WENDT et al. 1970, TODT & BÜSCH 1981, WERLING & ALTHERR 1986, WIMMENAUER 1982.

6 Das mesozoische Deckgebirge

6.1 Trias

In Südwestdeutschland besteht die Trias (griech. „Dreiheit", 245–208 Millionen Jahre) aus den drei lithologisch voneinander abgegrenzten Baueinheiten **Buntsandstein**, **Muschelkalk** und **Keuper**. Sie entstanden in grundlegend verschiedenen Ablagerungsräumen. Erst seit der Trias sind in Südwestdeutschland flächenhaft Sedimente erhalten. Aus dem Perm, dem etwa 50 Millionen Jahre langen Zeitraum zwischen dem Ende der variszischen Gebirgsbildung im Oberkarbon und der Trias, liegen in Südwestdeutschland nur örtlich in Senkungsstrukturen Gesteine vor (vor allem „Rotliegendes", z.T. auch vulkanische Gesteine). Ein Vorkommen von Rotliegendem liegt am südwestlichen Rand des Schwarzwaldes um Weitenau. Im Gebiet der Nordschweiz wurde erst gegen Ende der 90er Jahre ein **Permo-Karbon-Trog** durch Tiefbohrungen nachgewiesen. Die Ursache für das sonstige Fehlen von Gesteinen aus dem Perm liegt in einer schnellen Hebung und Abtragung des Gebietes. Das Ausmaß dieser Hebung war beträchtlich, denn die im Karbon in mehreren Kilometern Tiefe (5–15 km) gebildeten Granite lagen in der Trias an der Landoberfläche. Sie müssen zwischen dem Oberkarbon und der Trias mit einer Geschwindigkeit von einigen Dezimetern pro 1000 Jahre gehoben worden sein. Gleichzeitig wurde das darüber liegende Gestein abgetragen. Erst am Beginn der Trias war das variszische Grundgebirge so weit abgetragen und eingeebnet (**Permotriadische Einebnungsfläche**), daß Sedimente in einer weiten, vermutlich gering über dem Meeresspiegel liegenden Senke aufgenommen wurden (sog. Germanisches Becken).

6.1.1 Buntsandstein

Der **Buntsandstein** liegt als unterste und älteste Einheit der Trias direkt auf der verhältnismäßig ebenen Oberfläche des Grundgebirges. Er besteht aus dem Schutt der verbliebenen Hochgebiete des

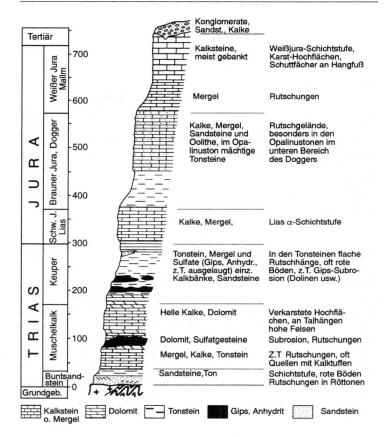

Abb. 10 Übersicht der Stratigraphie des Deckgebirges.

Variszischen Gebirges, der in Flußsystemen transportiert und abgesetzt wurde (Beobachtungspunkte 6, 7). Das Wutachgebiet und der Südschwarzwald lagen dicht an einem solchen Hochgebiet (Vindelizische Schwelle), weshalb die Sedimentation und Erhaltung des Buntsandsteins im Vergleich zum mittleren und nördlichen Schwarzwald später einsetzte und die Mächtigkeiten erheblich geringer sind. So erreicht der Buntsandstein im Wutachgebiet nur 15–30 m Mächtigkeit, im Mittleren Schwarzwald dagegen schon über 200 m. Die im Gebiet der Wutach anzutreffenden Einheiten des Buntsandsteins gehören nach der heutigen Gliederung zum Mittleren und Oberen Buntsandstein (Abb. 11).

Der Buntsandstein ist im betrachteten Gebiet ein meist rötlicher oder gebleichter Sandstein unterschiedlicher Körnung und Struktur, der nach oben hin feiner wird. Er enthält einige fossile Verwitterungshorizonte (**Bodenbildungen**), die neben der Gesteinsausbildung die Grundlage der Gliederung sind und Korrelationen einzelner Profilabschnitte über große Entfernungen ermöglichen (z.B. PAUL 1971 a). An den Aufschlußwänden fallen diese Böden durch 1–3 m hohe, weichere Zonen auf, die gebleicht oder bunt (meist violett oder bräunlich) verfärbt sind und als Hohlkehle zurücktreten. Diese Horizonte repräsentieren längere Phasen, in denen die Flußlandschaft trockengefallen war und der Verwitterung unterlag (Bodenbildung). Die unterste Einheit des Buntsandsteins wird im Wutachgebiet dem höheren Abschnitt des **Mittleren Buntsandsteins** zugerechnet. Er besteht meist aus grobkörnigen **Quarzsandsteinen** und **Konglomeraten** (Haupt-Geröllhorizont), über denen die Sandsteine dann einheitlicher und feinkörniger werden (Kristallsandstein). Häufig zeigen die Sandsteine eine Schrägschichtung. Sie ist charakterisiert durch meist erosiv begrenzte Bereiche aus spitzwinklig gegen die Horizontale geneigten dünnen Sedimentlagen, die eben oder trogförmig gebogen sein können. Schrägschichtung entsteht beim schubweisen Absetzen der Flußfracht an der stromabwärtigen Seite unterschiedlich geformter Rippeln und Sedimentbarren (daher Hinweis auf die Fließrichtung). Die Entstehung und Verlagerung kleinerer Rippeln sowie größerer Sandbänke und Kiesbarren kann auch auf der Gerinnesohle der Wutach beobachtet werden.

Etwa acht Meter über der Basis des Buntsandsteins – im südlichen Teil des Gebietes auch schon früher – liegt der unterste und auffälligste Bodenhorizont. Er wird auch als **Karneolhorizont** bezeichnet, denn er enthält neben Dolomit-Krusten auffallende Konkretionen aus Chalzedon (feinstkörniger Quarz, SiO_2), die zum Teil kräftig rot gefärbt sind (Karneol). Die Krusten und Konkretionen wurden aus aufsteigenden Bodenlösungen oberflächennah ausgeschieden und sind ebenso wie die überwiegend rote Färbung des

Buntsandsteins Anzeichen für ein arides (trocken-heißes) Klima zur Zeit des Buntsandsteins. Der Karneolhorizont wird mit dem Violetten Horizont 2 des nördlichen Schwarzwaldes korreliert.

Über dem Karneolhorizont folgt der **Obere Buntsandstein**, der zunächst noch aus dickbankigen Sandsteinen besteht (Plattensandstein). Darüber werden die Sandsteine aber zunehmend feiner und dünnplattig (glimmerreich), bis sie in die etwa 7 – 10 Meter mächtigen kräftig roten Röttone übergehen. Im Gelände fallen die Röttone vor allem durch schwere (tonige), rote Böden und zahlreiche Rutschungen an den Talhängen auf. Sie deuten schon die darauffolgende Überflutung durch ein Flachmeer an, denn sie stammen aus einem küstennahen Ablagerungsraum, in den die langsam fließenden Flüsse und der Wind nur noch feines Material transportieren konnten.

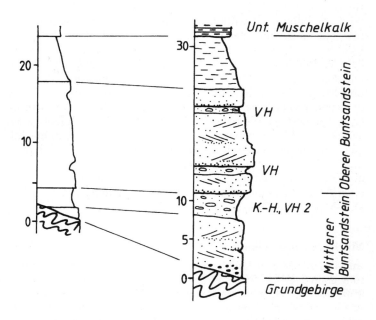

Abb. 11 Aufbau und Gliederung des Buntsandsteins im Wutachgebiet. Die linke Profilsäule deutet die Mächtigkeitsabnahme nach Süden hin an. Nach PAUL 1971 a. VH = Violetter Horizont, K-H = Karneolhorizont.

6.1.2 Muschelkalk

Während der Ablagerung des Muschelkalks lag Südwestdeutschland im Bereich eines flachen Randmeeres, dessen Verbindungen mit dem südlich gelegenen Tethys-Ozean zeitweise verlagert oder unterbrochen wurden. Die damit verbundenen Auswirkungen auf den Ablagerungsraum äußern sich in der wechselhaften Gesteinsausbildung des Muschelkalks. Sie ist die Grundlage einer Unterteilung des Muschelkalks in den Unteren-, den Mittleren- und den Oberen Muschelkalk (Abb. 12).

Unterer Muschelkalk

Der erste Meereseinbruch nach der Zeit des Buntsandsteins erfolgte von Südosten über eine schmale Verbindung des Germanischen Beckens mit der Tethys, die als „Schlesische Pforte" bezeichnet wird. Aus dieser Überflutung gehen die in einem flachen Meeresbecken ausgeschiedenen Ablagerungen des Unteren Muschelkalks hervor. Er erreicht eine Mächtigkeit um 40 m und besteht aus dem **Wellendolomit** (mu_1, 10 m), dem **Wellenkalk** (mu_2, 15 m) und den *orbicularis*-**Mergeln** (mu_3, 15 m). Die plattigen Dolomite und Mergel des Wellendolomits und der Wellenkalk (Beobachtungspunkt 8) bestehen aus dünnlagigen Mergeln mit Kalkbänken (z.T. Tempestite). Sie belegen eine kontinuierliche Zunahme der Wassertiefe. Eine Veränderung tritt dann mit den ca. 10 m mächtigen, schwach bituminösen *orbicularis*-Mergeln ein. Der Gehalt an organischer Substanz deutet auf eine verringerte Sauerstoff-Zufuhr als Folge einer geringen Wasserdurchmischung hin und ist das erste Anzeichen einer unterbrochenen Verbindung des Muschelkalk-Meeres zur Tethys.

Mittlerer Muschelkalk

Im Mittleren Muschelkalk werden die Auswirkungen der Abschnürung dann deutlich. Eine stetige Verdunstung erhöhte die Konzentration der verschiedenen gelösten Salze, bis diese in Abhängigkeit von ihrer Löslichkeit nacheinander ausgefällt wurden. Im Wutachgebiet beginnt der Mittlere Muschelkalk mit dünngebankten Dolomiten (3–4 m), über denen dann ein etwa 20 m mächtiges **Gipslager** mit den Sulfatmineralen Gips ($CaSO_4 \cdot 2\ H_2O$) und Anhydrit

(CaSO$_4$) folgt (Beobachtungspunkt 8). In einem späten Stadium der Eindampfung wurde auch stark lösliches Steinsalz (NaCl) ausgefällt. In den Übertage-Aufschlüssen fehlt es, weil das Salz oberflächennah durch das Grundwasser weggelöst wurde, besonders im Anstrombereich eines Vorfluters. Zahlreiche Bohrungen belegen aber, daß es im tieferen Untergrund der näheren Umgebung noch erhalten ist. Bei Bad Dürrheim wird aus dem Mittleren Muschelkalk Steinsalz-Sole gefördert und für Heilbäder genutzt. Auf den Sulfaten liegen dann noch einige Meter Dolomit, die wieder eine zunehmende Verdünnung des Meerwassers anzeigen. Die Gesamtmächtigkeit des mittleren Muschelkalks beträgt 40–50 m. Tiefbohrungen treffen in der Region um die 80 m Mittleren Muschelkalk an. Die Differenz gibt den Betrag wieder, um den die Mächtigkeit des Steinsalzes und der Sulfate durch unterirdische Auslaugung reduziert wurde. Eindrucksvoll sind die Folgen der Auslaugung an den Dolinen am Roßhag. Dort ist die Geländeoberfläche an zwei Stellen über eingebrochenen Hohlräumen bis zu 25 m tief vertikal abgesackt. Die unregelmäßigen Rutschhänge in der Wutachschlucht zwischen der Schattenmühle und dem Badhof Boll gehen auch auf die Löslichkeit und Instabilität des Mittleren Muschelkalks zurück. An zahlreichen Stellen der Wutachschlucht wurde früher Muschelkalk-Gips abgebaut. Ein guter Aufschluß liegt in der Wutachschlucht an der verfallenen Gipsmühle an der Alten Dietfurt (Beobachtungspunkt 8).

Oberer Muschelkalk

An der Grenze zum **Oberen-** oder **Hauptmuschelkalk** (mo) geht der Mittlere Muschelkalk über in 60–70 m kalkige und dolomitische Ablagerungen (Abb. 12, 13, Beobachtungspunkte 9–13, 25). Sie stammen aus einem flachen Randmeer, das im Südwesten eine Verbindung zur Tethys hatte ("Burgundische Pforte"). Während der Ablagerung des Hauptmuschelkalks unterlag der Ablagerungsraum Veränderungen durch Schwankungen der Wassertiefe und der Durchmischung. Zunächst nahm die Wassertiefe tendenziell zu, bis sich nach einem Höchststand und einer anschließenden Regression ein lagunäres Stadium mit Dolomit-Ausscheidung einstellte. Im Wutachgebiet ist der Hauptmuschelkalk untergliedert in die **Trochitenkalke** (mo$_1$), die *nodosus*- **oder Plattenkalke** (mo$_2$) und in den *Trigonodus*-**Dolomit** (mo$_3$). Abgegrenzt werden diese Profilabschnitte voneinander durch Leithorizonte, die sich durch eine bestimmte Gesteinsausbildung oder einen charakteristischen Fossilinhalt auszeichnen und eine Folge weitreichender Einschnitte in den Sedimentationsablauf oder kurzzeitiger Faunen-Einwanderungen sind.

Die Gesteine des Hauptmuschelkalks sind sehr wechselhaft ausgebildet. Einen großen Anteil nehmen dabei Kalkbänke aus angehäuften Schalenbruchstücken (Brachiopoden, Muscheln) und anderen organischen Komponenten ein, die auch als **Schalentrümmerbänke** bezeichnet werden (bioklastische Kalke). Sie sind Bereichen aus feinkörnigen Kalken zwischengeschaltet. Die Schalentrümmerbänke entstanden überwiegend durch starke Wasserumwälzungen bei Sturmereignissen. Sie zeigen eine charakteristische vertikale Struktur-Abfolge, die mit der im Verlauf des Sturmereignisses abnehmenden Strömungsenergie zusammenhängt. Der untere Bereich besteht vor allem aus Schalenfragmenten, deren Größe nach oben langsam abnimmt. (Gradierung). In den höheren, feinkörnigen Bereichen treten Sedimentstrukturen wie Lamination oder Rippelschichtung auf. Bei Folge-Ereignissen wurden solche Sequenzen oftmals gekappt oder völlig aufgearbeitet. Diese Sturmbänke werden auch als **Tempestite** bezeichnet (*tempestas* (lat.) = Unwetter, Sturm). In einigen Horizonten des Hauptmuschelkalks treten auch Oolithe auf (**Liegendoolith, Marbacher Oolith, Dögginger Oolith**). Oolithe sind Gesteine, die überwiegend aus Millimeter-großen, kugeligen Gebilden (hier aus Kalk) bestehen, die durch die schalige Anlagerung von Kalk um kleine Schalenfragmente oder Sandkörner im bewegten Flachwasser gebildet worden sind (Abb. 34). Somit weisen sie auf geringe Wassertiefen oder örtliche Schwellen hin. Die Oolithe im Wutachgebiet sind überwiegend durch Umkristalisation bei der Diagenese überprägt worden und deswegen oft nur mit der Lupe an angefeuchteten Bruchflächen zu erkennen.

Die unterste Einheit, die **Trochitenkalke** (mo_1), erreichen eine Mächtigkeit von knapp 25 m und bestehen überwiegend aus grob und mittelgrob gebankten Kalken. Es handelt sich dabei vor allem um Schalentrümmerbänke mit zwischengeschalteten Bereichen aus feinkörnigen Kalken. Über der Basis und im tieferen Bereich des mo_1 befinden sich die dickbankigen Horizonte des Liegendooliths und des Marbacher Ooliths. Über dem Marbacher Oolith treten in

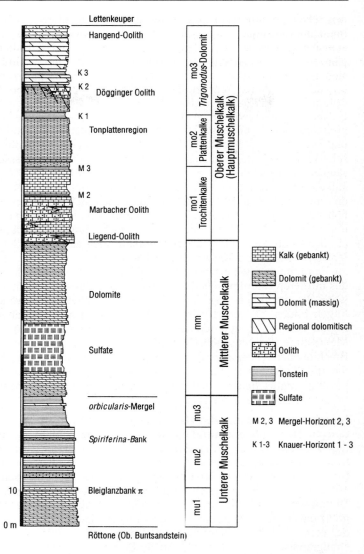

Abb. 12 Aufbau und Gliederung des Muschelkalks im Wutachgebiet. Nach PAUL (1971 a) und WURM et al. (1989).

den Schalentrümmerbänken die namengebenden Trochiten gehäuft, manchmal gesteinsbildend, auf. Es sind wie kleine Mühlsteine aussehende Stielglieder von Seelilien, die im Querbruch auffallend glänzen (Kalzit-Einkristall). In der oberen Hälfte des mo_1 befinden sich die Mergelhorizonte 2 und 3, zwei verbreitete Leithorizonte im südlichen Baden-Württemberg. Es sind gelblich verwitternde, dolomitisch- mergelige Kalke, die in älteren Profilwänden zu breiten Fugen verwittern. Am Mergelhorizont 3 erfolgt die Abgrenzung der Trochitenschichten zum mo_2. Anhand der Oolithe und Tempestite wird deutlich, daß das Meer zur Zeit des Hauptmuschelkalks flach war und sich kleine Schwellen mit Flachwassersäumen herausgebildet hatten. Der Trend innerhalb der Trochitenkalke zeigt allerdings eine Zunahme der Wassertiefe an.Die Kalke des mo_2 sind etwa 18 m mächtig und heben sich vor allem im höheren Abschnitt von dem Unteren Hauptmuschelkalk durch eine durchschnittlich gleichmäßigere und auch dünnere Bankung (1–3 dm) ab. Der untere Bereich enthält noch zahlreiche Schalentrümmerbänke, deren Anzahl und Mächtigkeit nach oben aber abnimmt. Im angewitterten Zustand sehen die höheren Abschnitte des mittleren Hauptmuschelkalks einer Mauer ähnlich, besonders wenn die mergeligen Bankzwischenmittel an älteren Felswände Fugen bilden. Dieser Profilabschnitt wird auch als Tonplattenregion bezeichnet und repräsentiert den Zeitraum der größten Meerestiefe des Muschelkalkmeeres. Bis auf einige Bänke mit Brachiopoden (*Coenothyris*) ist der mo_2 recht fossilarm. Vor allem die im nördlicheren Baden-Württemberg auftretenden und zur biostratigraphischen Gliederung herangezogenen Ceratiten (Ammoniten-Gruppe der Trias) sind sehr selten.

Im mittleren Abschnitt des Hauptmuschelkalk-Profils treten drei tonigere Horizonte mit auffallend unregelmäßiger Schichtung auf, die Knauerhorizonte 1–3. Im Bereich des untersten dieser Horizonte erfolgt im Wutachgebiet der Übergang von der Tonplattenregion (mo_2) zum ***Trigonodus*-Dolomit** (mo_3, z.B. Beobachtungspunkt 10). Hier wechselt die Gesteinsausbildung zu massiven, gelblichen Dolomiten. Im nördlicheren Baden-Württemberg wird diese Abgrenzung an einem Mergelhorizont (Mergelhorizont γ) vollzogen, der vermutlich dem Knauerhorizont 1 entspricht (somit in einem stratigraphisch tieferen Niveau). An der Einmündung der Gauchach in die Wutach und südlich des Wutachknies erscheint unter dem Knauerhorizont 2 der massive **Dögginger Oolith** (bis 4 m mächtig,

Abb. 13 Muschelkalk-Profil am Rümmele-Steg. M-3 = Mergelhorizont 3. K-1 = Knauerhorizont 1. Die kompakte Zone im oberen Wandbereich besteht aus dem *Trigonodus*-Dolomit.

Beobachtungspunkt 15). Der Feinbau des *Trigonodus*-Dolomits deutet darauf hin, daß er überwiegend in einem lichtdurchfluteten Flachwasserbereich entstanden ist. Die Dolomitisierung, also der Einbau von Magnesium in das Karbonat-Kristallgitter, trat zumindest in den obersten Bereichen des *Trigonodus*-Dolomits noch vor der Verfestigung des Sediments ein (frühdiagenetisch). Dabei wurden ursprüngliche Sedimentstrukturen weitgehend zerstört und die Porosität des Gesteins erhöht. An Schliffen sind aber noch Relikte des ursprünglichen Gesteinsaufbaus zu erkennen. Demnach sind an seinem Aufbau Algen-Laminite (dünnlagige, auf Algenmatten ausgeschiedene Kalke) und Onkoide (schalig aufgebaute rundliche Gebilde aus Kalk, mehrere mm bis wenige cm groß) beteiligt, deren Entstehung mit geochemischen Stoffwechselreaktionen von Algen (Licht) zusammenhängt. Sie sind deshalb zusammen mit dem Hangendoolith ein wichtiger Hinweis für eine Flachwasserentstehung des *Trigonodus*-Dolomits. Nach Süden hin greift die Dolomitisierung auch in tiefere Abschnitte des Oberen Muschelkalks hinunter. Bei Waldshut reicht sie bis in den Mergelhorizont 2. Sie erfolgte spätdiagenetisch durch magnesiumreiche Porenwässer.

6.1.3 Keuper

Im Keuper war unser Gebiet überwiegend festländisch geprägt durch sumpfige Flachwassergebiete und flache Senken, in die episodisch Meerwasser eindrang und danach wiederholt eindampfte. Es gab aber auch Zeiträume, in denen Flußlandschaften und trockenheiße Wüstengebiete das Landschaftsbild bestimmten. Überliefert sind aus dem Keuper 120 m Sedimente aus Tonsteinen, Gips und Anhydrit mit zwischengeschalteten Kalkbänken, Mergeln und einigen sandigen Partien (Abb. 14). Die Standfestigkeit der Keuper-Gesteine ist verhältnismäßig gering, weshalb in seinem Ausstrich flache Rutschhänge mit ungünstigen Aufschlußverhältnissen vorherrschen. Am besten ist der untere Abschnitt des Mittleren Keupers („Gipskeuper", km_1) aufgeschlossen, dessen Gipslager an zahlreichen Stellen als Düngemittel und Baustoff abgebaut wurden. Große Verbreitung erfährt der Keuper flußabwärts der Einmündung der Gauchach in die Wutach.

Unterer Keuper

Einen Übergang von marinen Ablagerungen zu Sedimenten aus dem Brackwasser-Bereich (Mischungszone Süßwasser/Salzwasser) oder festländischen Sedimentgesteinen zeigt der Wechsel vom Muschelkalk (*Trigonodus*-Dolomit) zum **Lettenkeuper** (ku), der 6 bis 11 Meter mächtigen untersten Einheit des Keupers (Abb. 14). An der Basis des Lettenkeupers liegen noch Dolomit-Bänke. Ihnen sind aber schon mit sandigen Horizonten (Estherien-Schichten) festlandische Schüttungen zwischengelagert, die in Zeiten eines tiefen Meeresspiegels vorgebaut wurden. Im mittleren Bereich (ab ca. 2–3 m über der Basis) befinden sich Schiefertone mit sandigen Lagen („Sandige Pflanzenschiefer") und stellenweise bis einige dm mächtige Kohleflöze, die ebenfalls die Nähe zum Festland belegen. An der Gauchach wurden auf diese Kohleflöze sogar Abbauversuche unternommen. Der Ablagerungsraum dieser Sedimente war vermutlich ein küstennahes Sumpfgebiet. Darüber schließen bis zur Basis des Gipskeupers (km_1), die an dem sog. Grenzdolomit liegt, Dolomite und Mergel und auch ein sulfatisch entwickelter Horizont an. Da im Gelände zwischen dem Sulfathorizont im Lettenkeuper und dem Grundgips im Gipskeuper eine Abtrennung meist nur schwer möglich ist, wird bei der Kartierung der obere Bereich des Lettenkeupers dem Gipskeuper zugerechnet.

Mittlerer Keuper

Am Beginn des Mittleren Keupers veränderte sich die Sumpflandschaft in ein ausgedehntes Becken, in das episodisch Meerwasser eindrang und wieder eindampfte. Dabei entstand die unterste Einheit des Mittleren Keupers, der **Gipskeuper** (km_1, Beobachtungspunkt 1). Er ist eine etwa 80–90 m mächtige Serie aus Tonsteinen und Sulfatgesteinen mit einigen Mergelhorizonten. Im unteren Abschnitt befinden sich die Sulfatlager aus Gips und Anhydrit, die eine Mächtigkeit um 20–30 m erreichen. In Zeiträumen höherer Überflutung entstanden auch dolomitische Mergel mit einigen Leitbänken (Abb. 14). Durch die Sulfatauslaugung haben sich an zahlreichen Stellen über den Gipslagern Dolinen und Karstwannen an der Geländeoberfläche gebildet. Gips ist in Wasser gut löslich (um 2 g/l, etwa die 10 bis 20-fache Löslichkeit von Kalk), weshalb in Bereichen mit bewegtem Grundwasser rasch größere Hohlräume ausgelaugt werden können (Subrosion). Einen guten Einblick in den Gipskeuper geben die Aufschlüsse und ehemaligen Gipsbrüche südlich von Döggingen (Beobachtungpunkt 1).

Im darauffolgenden Zeitraum baute sich bei einem absinkenden Wasserspiegel vom osteuropäischen Raum her in südwestliche Richtungen ein verzweigtes System isolierter Flußrinnen in die Keuper-Landschaft vor. Aus dieser Phase stammt der **Schilfsandstein** (km_2), ein feinkörniger, grünlichgrauer bis gelblicher, meist dickbankiger Sandstein, der im höheren Bereich auch plattig entwickelt ist. In den Rinnenzentren erreicht er Mächtigkeiten von knapp 20 m, örtlich fehlt er auch. Der Schilfsandstein wurde nach den örtlich zahlreichen Pflanzenfossilien benannt, bei denen es sich allerdings nicht um Schilf handelt, sondern überwiegend um Schachtelhalme (z.B. *Equisetum arenaceum*) und Palmfarne (*Pterophyllum*). Der Schilfsandstein wird interpretiert als Delta-Ablagerung, also als ein Vorbau klastischer Schüttungen in ein wassergefülltes Becken.

Die Schwankungen des Meeresspiegels setzten sich weiter fort, denn die darüber folgenden **Bunten Mergel** (km_3) stammen wieder aus einem flach überfluteten Becken, in dem feiner Ton und zeitweise auch dünnlagige Kalke und Dolomite abgelagert wurden. Die Unteren Bunten Mergel erreichen eine Mächtigkeit von 25 m und bestehen aus rötlichen, grün oder grauviolett gebänderten Mergeln mit Einlagerungen von hellgrauem Dolomitmergel. Darüber folgen die aus Dolomiten und Kalken bestehenden Hauptsteinmergel und die Oberen Bunten Mergel aus ca. 3 m roten, grauen und grünen Mergeln mit Dolomit-Lagen.

Über den Bunten Mergeln folgt der **Stubensandstein** (km_4), ein im Wutachgebiet nur bis zu 4 m mächtiger, heller Sandstein mit einigen dolomitischen Mergellagen. Er wurde in einem engmaschig verzweigten System schmaler Flußrinnen abgelagert und setzt sich zusammen aus meist groben Quarz- (glasig) und Feldspatkörnern (weiß oder rötlich). Diese Zusammensetzung zeichnet den Stubensandstein als Arkose aus. Feldspäte zerbrechen leicht, woraus auf einen kurzen Transport geschlossen werden kann. Das nächste Liefergebiet des Stubensandsteins ist das Vindelizische Land, eine vor allem in der Trias dicht südlich des Wutachgebietes liegende Schwelle (Abtragungsgebiet), die sich in Ost-West-Richtung bis nach Böhmen erstreckte. Die Nähe zu diesem Hochgebiet erklärt

6.1 Trias 47

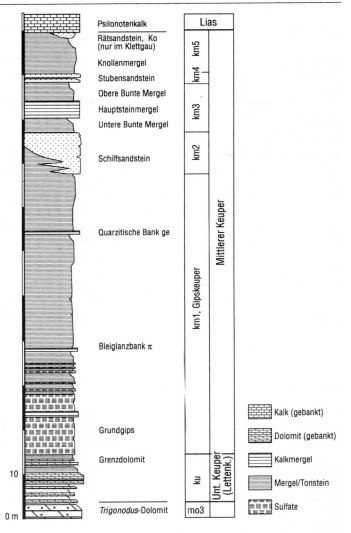

Abb. 14 Gliederung und Aufbau des Keupers im Wutachgebiet (vereinfacht). Nach BANGERT 1991 und WURM et al. 1989.

auch die verhältnismäßig geringen Mächtigkeiten oder das Fehlen mancher Trias-Gesteine (z.B. Buntsandstein, S. 34).

Den Abschluß des Keupers bilden im Wutachgebiet die **Knollenmergel** (km_5) aus roten und violetten Mergeln mit vereinzelt eingelagerten Kalkkonkretionen. Von Rissen und Klüften ausgehend ist das Gestein örtlich grün verfärbt. Es ist wahrscheinlich, daß die Knollenmergel äolische Ablagerungen sind (aus der Atmosphäre abgesetzter Staub). Einige kalkige und mergelige Horizonte weisen auf kurze Überflutungen hin. Bei Trossingen wurde in dem Knollenmergel eine größere Anzahl vollständiger Plateosaurier-Skelette gefunden, die in verschiedenen Museen ausgestellt sind (Stadtmuseum Trossingen, Museum am Löwentor in Stuttgart, Museum des Geologisch- Paläontologischen Instituts Tübingen). Im Gebiet der Wutach sind die Knollenmergel mit 15–25 Metern verhältnismäßig geringmächtig. Der Ausstrich des Knollenmergels ist durch vernäßte Rutschgelände mit roten Böden gekennzeichnet und erfordert als Baugrund umfangreiche Untersuchungen und Sicherungsmaßnahmen. Mit den Knollenmergeln endet im Wutachgebiet der Keuper. Weiter südlich in Baden-Württemberg wird die Transgression zu Beginn des Jura mit den Deltaablagerungen (meist Sanden) des Rät (ko) eingeleitet. Im Wutachgebiet fehlt aber diese Einheit, die noch dem Oberen Keuper zugerechnet wird.

6.2 Jura

Im Keuper war unser Gebiet überwiegend festländisch oder es wurde nur episodisch gering überflutet. Im Jura dagegen lag Südwestdeutschland etwa 60 Millionen Jahre lang im Bereich eines flachen Rand- und Schelfmeeres der Tethys. Die Meeresspiegelanstiege, die in der Jura-Zeit die ehemalige Keuper-Landschaft überflutet hatten, gehören zu den bedeutendsten Transgressionen der Erdgeschichte. Südwestdeutschland ist ein klassisches und sehr gut untersuchtes Jura-Gebiet. Im vorigen Jahrhundert wurden hier die Grundlagen der Jura-Stratigraphie erarbeitet und die Entwicklung der Jura-Ammoniten erforscht. Daraus ging eine an der vorherrschenden Gesteinsfarbe orientierte Gliederung des Jura in die drei Abschnitte Schwarzer-, Brauner- und Weißer Jura (Lias, Dogger, Malm) hervor (Abb. 15). Weitere ausgegliederte Untereinheiten wurden mit griechischen Buchstaben (alpha bis zeta, $\alpha-\zeta$) bezeichnet. Neben der Gesteinsausbildung sind für die stratigraphische Gliederung des Jura die sich schnell entwickelnden Ammoniten von großer Bedeutung. Heute wird im südwestdeutschen Jura auch die internationale Gliederung angewendet, die weiteren im Text zusammen mit den klassischen Bezeichnungen genannt wird. Im Wutachgebiet ist die Schichtfolge des Jura bis auf den abgetragenen höheren Malm vollständig vorhanden und erreicht hier eine Mächtigkeit von etwa 450 m (detaillierte Beschreibung bei HAHN 1971). Die unterschiedlichen Gesteinsausbildungen sind eine Folge veränderter Ablagerungsbedingungen im Jura-Meer, wobei die wichtigsten Faktoren Änderungen der Wassertiefe und des Wasseraustausches sowie die Menge des vom Festland her eingetragenen Materials sind.

6.2.1 Schwarzer Jura, Lias

Die Bezeichnung Schwarzer Jura geht zurück auf den hohen Anteil dunkler Tonsteine und Tonschiefer in diesem untersten Jura-Abschnitt. Von Norden nach Süden fortschreitend wurde die Keuper-Landoberfläche bei dem Meeresvorstoß am Beginn des Jura überflutet. Die untersten Gesteine des Lias repräsentieren noch kurzzeitige Schwankungen des Meeresspiegels. Im höheren Profilabschnitt stellten sich dann stabilere Ablagerungsverhältnisse mit zeitweiliger Schwarzschieferbildung ein.

Die Lias-Transgression äußert sich im Schichtprofil durch die Überlagerung der Knollenmergel des Keupers durch eine wechselhafte Abfolge aus Kalken, sandigen Mergeln und Oolithen. Zuunterst liegen unmittelbar auf den Knollenmergeln die **Psiloceraten**-Schichten (**Lias** α_1 Hettangium), die aus einigen Kalkbänken mit dem Ammoniten *Psiloceras planorbis* und dunklen sandigen Tonsteinen aufgebaut sind. Darüber folgt der **Lias** α_2 (mit dem Ammoniten *Schlotheimia angulata*) aus braunen oolithischen Kalken, die eine Bildung in bewegtem Flachwasser belegen (Beobachtungspunkt 18). Die **Arietenschichten** bzw. **Lias** α_3 (Unteres Sinemurium) leiten dann die Haupttransgression ein (Beobachtungspunkte 16). Es sind 4–5 m mächtige, grobe, dunkelgraue Kalke, in denen Fossilien gehäuft auftreten, v.a. Ammoniten-Ge

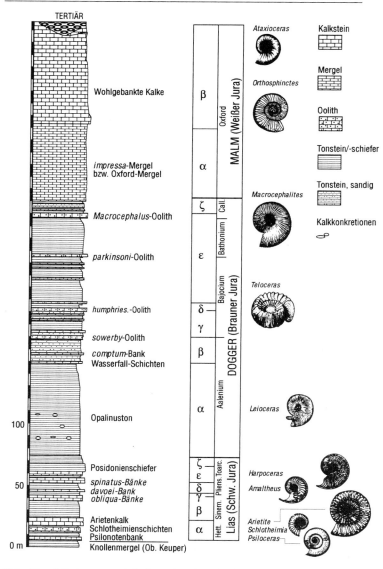

Abb. 15 Gliederung und Aufbau des Jura im Wutachgebiet (nach HAHN 1971). Ammoniten-Darstellungen aus LEHMANN & HILLMER 1991.

häuse (u.a. *Arietites*) und die an ein Leben im Küstenbereich angepaßten dickwandigen Austern (*Gryphaea*). Einige Bänke zeigen wie die Schalentrümmerbänke im Hauptmuschelkalk gradierte Lagenaus Schill und Lamination, weshalb sie wohl auch auf Sturmereignisse zurückgeführt werden können (Tempestite). Gegenüber der Erosion sind die Arieten-Kalke recht widerstandsfähig und treten deshalb in der Landschaft als Stufenbildner hervor, z.B. an der Oberkante der Wutachschlucht südlich von Mundelfingen. Die manchmal an Aufschlußwänden auffallenden, hellen pelzigen Überzüge sind meist Gipskristalle ($CaSO_4 \cdot 2\ H_2O$), die bei Reaktionen zwischen dem im Gestein enthaltenen Pyrit (FeS_2) und dem Karbonat gebildet wurden.

Im **Lias β** (Oberes Sinemurium) hat sich der Ablagerungsraum schon zu einem stabilen, flachen Randmeer verändert. Er besteht aus ca. 16 m fossilarmen dunklen Tonsteinen mit Kalkknollen und Mergeln. Im obersten Abschnitt treten in den *obliqua*-Bänken u.a. die Muschel *Gryphaea obliqua* und der Ammonit *Echioceras* auf. Mit nur knapp 3 m mächtigen fleckigen Kalken und Mergeln zeigt der **Lias γ** (Unteres Pliensbachium) relativ konstante Ablagerungsverhältnisse. Der Leitammonit dieses Abschnittes ist *Uptonia jamesoni*, das Gestein enthält aber auch häufig Brachiopoden und Belemniten. Ähnliche Verhältnisse repräsentiert der **Lias δ** (Ob. Pliensbachium). Er beginnt mit einer dünnen Kalkbank (*davoei*-Bank), über der ca. 10 m dunkler Tonstein folgen. In der höheren Region befinden sich die s*pinatus*-Bänke (mit Leitammonit *Pleuroceras spinatus*).

Von den bisherigen Gesteinen des Schwarzen Jura hebt sich der **Lias ε** (unteres Toarcium) oder Posidonienschiefer deutlich ab (Abb. 16, Beobachtungspunkt 17). Im tieferen Abschnitt besteht der Lias ε aus grauen Mergeln mit bituminösen Schiefern, die aufgrund der zahlreichen Fukoiden (fossile Grabbauten, die früher für Pflanzenfossilien gehalten wurden) auch als Seegras-Schiefer bezeichnet werden. Darüber liegen etwa 10 m Ölschiefer, die mit 3 bituminösen Kalkbänken (sog. Stinkkalkbänke) einsetzen. Eine stabile Wasserschichtung verhinderte den Zutritt von Sauerstoff zum Meeresboden, wodurch organisches Material, überwiegend abgesunkene Kleinstlebewesen, nicht zersetzt wurde. Am Geruch beim Anschlagen des Gesteins wird der hohe Bitumengehalt erkennbar. Die schwarze Farbe des Gesteins geht weniger auf den

Tonanteil oder den Bitumengehalt zurück, sondern auf fein verteilten Pyrit (Eisensulfid, FeS_2). Dieses Mineral entsteht unter Sauerstoffmangel durch eine Verbindung von Schwefel (aus Eiweiß oder Sulfat des Meerwassers) mit dem Eisenanteil des Sediments. Weltbekannt sind die Fossilien (u.a. Saurier, Krokodile) aus dem Posidonienschiefer bei Holzmaden. (Hinweis: Etwa 50 km südlich des Wutachgebiets sind im Werksmuseum des Zementwerks Dotternhausen sehenswerte Fundstücke aus der Werksgrube ausgestellt; man kann dort auch sammeln). Den Abschluß des Lias bildet der aus 8 m hellgrauen Mergeln und Kalkmergeln bestehende **Lias** ζ (Ob. Toarcium), der fließend in den Opalinuston übergeht.

6.2.2 Brauner Jura, Dogger

Mit insgesamt 350 m ist der Dogger oder Braune Jura erheblich mächtiger als der Lias. Sein Hauptverbreitungsgebiet liegt in der Umgebung des Wutachknies, vor allem an den Hängen des Eich- und Buchbergs. In der unteren Profilhälfte dominieren noch mächtige Tonsteine. In den höheren Partien treten Abschnitte aus rotbraun verwitternden, eisenoolithischen Kalken hinzu, die zur Bezeichnung „Brauner Jura" veranlaßt haben.

Der auch als *Opalinus*-**Ton** bezeichnete **Dogger** α (Unter-Aalenium) ist mit 80–100 m eine der mächtigsten Schichtfolgen des Wutachgebiets. Er besteht aus Tonsteinen mit Mergel- und Pyrit-Konkretionen, die im höheren Abschnitt leicht sandig werden. Leitformen sind die feingerippten Ammoniten *Leioceras opalinum* und *Lytoceras*. Während der Ablagerung des *Opalinus*-Tons herrschten ähnliche Bedingungen wie am Ende des Lias, d.h. die Umwälzung des Meeresbeckens war noch gering. Die Sandanteile weisen aber auf eine festländische Materialzufuhr hin. Aufgrund seiner geringen Standfestigkeit ist der hauptsächlich im Bereich des Wutachknies und des Krottenbachs liegende Ausstrich des *Opalinus*-Tons durch Rutschhänge und eine Talaufweitung mit abgeflachten Böschungen charakterisiert. Die wellige und aufwendig gesicherte Straße zwischen Achdorf und Blumberg liegt auf abgerutschtem *Opalinus*-Ton. Im Januar 1966 erfaßte eine 600 m breite Großrutschung im Ausstrich des *Opalinus*-Tons 70 ha Gelände einen Bereich des Krottenbachtales am Fuß des Eichbergs.

Dabei wurden Felder zerstört und die Straße nach Hausen verschoben und zerrissen (Details dazu bei TANGERMANN 1971 und WACKER 1966).

Abb. 16 Lias-Profil am Aubach (Lias γ bis ζ). Die hervortretenden Tonstein- und Mergel-Bänke sind der Lias ε. Der oberste Profilabschnitt besteht aus *Opalinus*-Ton (Dogger α).

Über dem *Opalinus*-Ton folgt der etwa 25 m mächtige **Dogger** β (Ob. Aalenium), der überwiegend aus sandigem Tonstein besteht. Etwa 8 m über seiner Basis befindet sich die *comptum*-Bank, eine Kalkknauerlage mit dem Ammoniten *Leioceras comptum*. Im obersten Drittel des Dogger β liegt der Oberbeta-Oolith, eine ca. 1 m mächtige fossilreiche Kalkmergel-Bank mit Chamosit- und Brauneisen-Ooiden (*Staufenia, Ludwigia*). Ähnliche Wechsel zwischen Oolithen (*sowerby*-Oolith), Kalksandsteinbänken mit Tonzwischenlagen und vor allem feinsandiger, dunkler Tonstein bestimmen auch den **Dogger** γ (Unter-Bajocium). Der Untere und Obere **Wedelsandstein** ist gekennzeichnet durch fächerförmige Weidespuren von Bewohnern des Meeresbodens. An der Grenze zu dem etwa 8 m mächtigen **Dogger** δ (Mittel-Bajocium) erfolgt ein lithologischer Wechsel zu dünnbankigen, oolithischen Kalken (*humphriesanum*-Oolith), über denen Tonstein mit einzelnen kalkigen Lagen anschließt (Leitammoniten *Teloceras* und *Stephanoceras humphriesanum*).

Mit Mächtigkeiten von etwa 80 m bauen der **Dogger** ε und ζ (Ober-Bajocium, Bathonium, Callovium) große Hangbereiche am Eichberg und Buchberg auf. Der Dogger ε setzt über dem *subfurcatum*-Oolith mit fast 50 m Tonstein ein, in dem nur wenige Kalkbänke und Lagen mit Kalkkonkretionen vorkommen. Der *parkinsoni*-Oolith bildet die stratigraphische Obergrenze des Bajocium. Das Bathonium ist zunächst wiederum aus z.T. fossilreichem Tonstein mit wenigen Kalkmergellagen aufgebaut (*wuerttembergia*-Schichten), über denen eher kalkige und mergelige Gesteine anschließen (*varians*-Schichten). Abgeschlossen wird das Bathonium durch etwa 1 m mächtige braune Kalke mit Brauneisen-Ooiden (*aspidoides*-Oolith). Das 4 m mächtige Callovium besteht aus Eisenoolithen und eisenoolithischen Mergeln, an dessen Basis der *macrocephalus*-Oolith liegt. Bei Blumberg wurden die Eisenoolithe des Callovium zu verschiedenen Zeiten als Eisenerz abgebaut (siehe unten). Der über dem *macrocephalus*-Oolith liegende Abschnitt des Callovium wird dem Dogger ζ zugerechnet.

Doggererz-Bergbau in Blumberg. Die Ortschaft Blumberg wurde durch die wiederholten Ansätze des Abbaus von Dogger-Eisenerzen nachhaltig beeinflußt, worüber WALCZ (1983) lebendig berichtet. Zwischen der zweiten Hälfte des 17. Jahrhunderts und dem 3. Jahrzehnt des 18. Jahrhunderts wurde erstmals der Versuch unternommen, die knapp 4 m mächtigen Eisenoolithe des Callovium in größerem Maßstab wirtschaftlich zu verwerten. Ihr Eisengehalt wird mit 8 (Grundmasse) bis 50 % (Ooide) angegeben. Zunächst wurde das Erz noch in der Hütte von Hammereisenbach verarbeitet. Später wurde auch in Blumberg ein Schmelzofen mit einer Schmiede erreichtet und das in Schürfen und kurzen Stollen gewonnene Erz vor Ort aufbereitet. Um 1730 endete diese erste Abbauphase aber mangels Wirtschaftlichkeit und aufgrund der Schwierigkeiten, die sich aus dem geringen Wasserangebot in dem Hochtal ergeben haben. Einen wesentlich größeren Einfluß auf Blumberg hatte die zweite Abbauphase, die 1934 begann. Das Streben des Dritten Reiches nach einer größeren Unabhängigkeit bei der Deckung des hohen Rohstoffbedarfs für die Kriegswirtschaft führte dazu, daß der Bergbau in Blumberg nach Vorerkundungen wieder aufgenommen wurde. Das Ziel war, in kürzester Zeit Förderleistungen von täglich 12.000 Tonnen Erz zu erreichen. Die damit verbundene Ansiedlung von über 2000 Arbeitern (u.a. Bergleute aus dem Saarland sowie Fremdarbeiter) sowie der Bau notwendiger Wirtschaftseinrichtungen und Wohnsiedlungen brachten einschneidende Veränderungen mit sich. Von der eigens gegründeten Doggererz-AG wurden vor allem am Stoberg und am Eichberg mehrere Kilometer Stollen in den Berg getrieben, bei geringer Überdeckung auch wurden auch im Tagebau Erze gewonnen. Zur Zeit des Bergbau-Höhepunktes um 1940 wurden fast 1.000.000 t Erz jährlich gewonnen und zur Verarbeitung in das Saarland transportiert. Schon 1942 wurde die Förderung des vergleichsweise unwirtschaftlichen Materials wieder eingestellt. In den südlichen Ortsteilen Blumbergs fällt noch heute die regelmäßige Architektur der ehemaligen Bergarbeiter-Siedlung auf.

6.2.3 Weißer Jura, Malm

Der **Malm** oder **Weiße Jura** entstand gegenüber den älteren Gesteinen des Jura offensichtlich unter erheblich veränderten Ablagerungsverhältnissen. Statt dunkler, zum Teil bituminöser Mergel, Sande und Oolithe stammen aus dem Zeitabschnitt des Malm überwiegend helle Karbonatgesteine mit einem hohen Kalkgehalt

(Kalksteine, Mergel). Die Ursache hierfür ist eine der weltweit bedeutendsten Transgressionen der Erdgeschichte. Am Ende des Doggers, dem Callovium, wurden ehemals vorhandene Schwellen wie das dicht nördlich gelegene Vindelizische Land (siehe auch Seite 46) überflutet und damit größere Verbindungen zu Ozeanen geschaffen. Somit verstärkte sich der Sauerstoffzutritt aufgrund der besseren Wasser-Durchmischung. Durch die Überflutung der festländischen Gebiete endete dort die Abtragung und damit die Zufuhr von klastischem Feinmaterial in die Meeresbecken. Dabei verringerte sich die tonige Hintergrundsedimentation, wodurch besonders die Gesteine über den Oxford- bzw. *impressa*-Mergeln einen hohen Kalkgehalt aufweisen. Im Wutachgebiet werden vor allem die oberen Regionen der Zeugenberge Eichberg und Buchberg aus Weißjura (Malm α, β) aufgebaut. Sie liegen innerhalb des Bonndorfer Grabens, in die Malm-Schichtstufe etwa 1 km nach Westen vorspringt. Die eigentliche Malm-Schichtstufe setzt an dem Aufschwung ein, der den Westrand der Alb und des Randen bildet. Im Randen ist der Malm über weite Flächen von tertiären Ablagerungen überdeckt.

Der **Malm** α (Unter-Oxfordium) besteht überwiegend aus fossilarmen Tonsteinen und Mergeln, den *impressa*- bzw. Oxford-Mergeln (bezeichnet nach dem Brachiopoden *Waldheimia impressa*). Er erreicht eine Mächtigkeit von etwa 50 – 60 m.

Die höheren Bereiche und Gipfelregionen des Buch- und Eichbergs werden von **Malm** β (Ober-Oxfordium) aufgebaut. Es sind 80 – 90 m helle Kalke, die gleichförmig gebankt sind und deswegen auch als Wohlgebankte Kalke bezeichnet werden. Kalke reagieren auf Frostwechsel durch einen Zerfall in scherbige Fragmente. Auf den Hängen und am Fuß des Eich- und Buchbergs befinden sich verbreitet **Schuttdecken** und Schuttfächer, die sich überwiegend in der späteren Phase der letzten Kaltzeit von den Hängen her auf die Talsohle ausgebreitet haben.

Literatur

GEYER & GWINNER 1991, HAHN 1971, LEHMANN & HILLMER 1991, PAUL 1971 a, SAUER et al. 1971, WACKER 1966, WALCZ 1983, WURM et al. 1989.

7 Landschaftsgeschichte

Das heutige Landschaftsbild Südwestdeutschlands ist vor allem das Ergebnis einer langen Entwicklung in der Erdneuzeit (Känozoikum). Im Tertiär, dem Zeitraum zwischen etwa 60 und 2,6 Millionen Jahre vor heute, haben vertikale Bewegungen der Erdkruste und dadurch hervorgerufene Abtragungsprozesse die Grundzüge der Landschaft Südwestdeutschlands vorgeprägt. In dem darauffolgenden Quartär (2,6 Millionen Jahre bis heute) wurde schließlich bei noch andauernden tektonischen Bewegungen das Relief des späten Tertiärs vor allem durch die Flußentwicklung und örtlich auch durch Gletscher zur heutigen Landschaft geformt.

Die tektonischen Krustenbewegungen im Tertiär hängen letztendlich mit der Entwicklung des Nordatlantiks und der Annäherung von Europa und Afrika zusammen. Dabei entstanden durch Verlagerungen und Deformationen von Krustensegmenten die zahlreichen Gebirgszüge in der Umrandung des Mittelmeeres, darunter auch die Alpen. In Südwestdeutschland haben die Spannungen in der Erdkruste und Materialströme im oberen Erdmantel zu einer regionalen Hebung und Verkippung der Kruste geführt und örtlich auch Vulkanismus ausgelöst (Hegau, Kaiserstuhl, Schwäbische Alb). Für die landschaftsformenden Prozesse im Quartär waren dann die extremen klimatischen Bedingungen mit den Wechseln zwischen Kalt- und Warmzeiten prägend (Abschn. 7.2). Im Wutachgebiet und im Südschwarzwald gibt es aus den verschiedenen Entwicklungsphasen Ablagerungen oder datierbare Landschaftsformen, die es erlauben, die Landschaftsentwicklung in ihren wesentlichen Zügen nachzuvollziehen.

7.1 Tertiär

Im Südschwarzwald und der Baar sind die Ablagerungen aus dem Tertiär überwiegend abgetragen. Erst am Ostrand der Baar, etwa auf Höhe von Blumberg, erscheinen die ersten Einzelvorkommen. Im Randen und Hegau treten sie dann auch flächenhaft auf und liegen diskordant auf den Jura-Gesteinen. In rinnenartigen Strukturen erreichen sie gebietsweise auch größere Mächtigkeiten.

Die älteren Abschnitte des Tertiärs (Paläozän, Eozän, Oligozän) fehlen im betrachteten Gebiet völlig. Im heutigen Alpenvorland sind aus diesem Zeitraum die marinen und festländischen Sedimentgesteine der Unteren Meeres- und Süßwassermolasse erhalten. Während der Alpidischen Gebirgsbildung hatte sich dort in einem absinkenden Gebiet, dem Molassebecken, ein Ablagerungsraum entwickelt, der mit Absätzen aus einem Randmeer und festländischen Schüttungen aufgefüllt wurde. Erst ab dem Miozän sind auch im Randen geringmächtige Ablagerungen der Oberen Meeresmolasse erhalten. Die größte Mächtigkeit erreichen hier aber die ab dem Mittelmiozän einsetzenden Schüttungen der Oberen Süßwassermolasse. Im Folgenden werden zunächst die wichtigsten tertiären Ablagerungen vorgestellt und später die Entwicklungsphasen dargestellt.

7.1.1 Untermiozän

Sandkalke

An einigen Stellen sind im Randen unter der Juranagelfluh (siehe unten) noch geringmächtige Ablagerungen erhalten, die dem Untermiozän zugerechnet werden (vermutlich Äquivalent des Randengrobkalks). Es sind flachmarine Kalke, die unmittelbar auf dem Weißjura liegen und bis zu 12 m mächtig sind. Das Gestein besteht überwiegend aus den Fragmenten zerriebener Schalen mit einzelnen eingelagerten Geröllen (Malm) und Bruchstücken von Austern und Schnecken. Aufgrund dieser grobkörnigen, porösen Ausbildung werden die Kalke regional auch als Sandkalke bezeichnet. Bei dem aufgelassenen Aufschluß westlich der Ortschaft Randen (Beobachtungspunkt 26, Abb. 36) liegt an der Basis ein Konglomerat aus Malm-Kalken. Oft sind die Gerölle von Bohrlöchern durchsetzt, die wohl auf Muscheln zurückzuführen sind. Örtlich sind in den tieferen Profilabschnitten Schneckengehäuse so stark angereichert, daß sie fast gesteinsbildend sind (Citharellenkalk).

Vermutlich sind die Sandkalke eine küstennahe Ablagerung (evtl. Strandzone) mit einem Aufarbeitungshorizont (Transgressionskonglomerat) an der Basis, die am Nordrand eines flachen Meeres zur Zeit der Oberen Meeresmolasse entstand. Die nördlichste Ausdehnung des Molasse-Meeres ist heute an einer Geländestufe zu erkennen, an der die leicht hügelige Alboberfläche (Kuppenalb) von der südlich angrenzenden, gleichmäßigeren Abrasionsfläche des Meeres getrennt wird. Sie wird als Klifflinie bezeichnet und ist vom Ries bis einige km östlich von Blumberg zu verfolgen. Vor der Ablagerung der Meeresmolasse-Kalke muß das Gelände aber schon gehoben und abgetragen worden sein, denn sie liegen stellenweise auf dem Malm β und somit tief unter der ehemaligen Obergrenze des Weißen Jura.

Travertin von Riedöschingen

Vermutlich stratigraphisch zwischen der Oberen Meeresmolasse und der Juranagelfluh (siehe unten) liegen kleinere Vorkommen von Süßwasserkalken. Bei Riedöschingen (nördlich des Aitrach-Tales) wurde in einem heute aufgelassenen Steinbruch Travertin abgebaut (Beobachtungspunkt 27). Der feinlagige Travertin ist auffallend rötlich und zeigt die für dieses Gestein typische hohe Porosität. Travertine werden aus kalkhaltigen Wässern an Quellaustritten auf der Landoberfläche ausgeschieden, meist als übereinander ausgefällte dünne Krusten. Die Mineralisation erfolgt bei der Zirkulation des Wassers in den Gesteinsklüften. Zur Zeit der Travertinausscheidung muß das Gelände schon deutlich über den Meeresspiegel gehoben gewesen sein.

7.1.2 Mittel- und Obermiozän

Juranagelfluh

Etwa auf Höhe von Blumberg befinden sich die westlichsten Vorkommen der Juranagelfluh. Der Begriff Nagelfluh stammt aus dem Schweizer Raum und beschreibt Geröllablagerungen, bei denen die einzelnen Komponenten durch ein kalkiges Bindemittel fest miteinander verbacken sind. Bei der Juranagelfluh im Hegau und Randen handelt es sich um die mittel- und obermiozänen Schüttungen aus abgetragenem Deckgebirgsmaterial von Westen her (Schwarzwald). Um Blumberg erreicht die Juranagelfluh eine Mächtigkeit von bis zu 100 m. Die Konglomerate setzten sich vor allem aus Weißjura-Geröllen zusammen. Sie enthalten aber auch mit örtlich schwankenden Anteilen einzelne Gerölle aus Buntsandstein, Muschelkalk, Lias, Dogger und im oberen Bereich örtlich auch Grundgebirge (kein alpines Material). Das Alter der Juranagelfluh läßt sich anhand der Basalte des Hegau-Vulkanismus, die aufgrund der Lagerungsbeziehung jünger sein müssen als die Juranagelfluh, relativ genau mit Mittel- bis Obermiozän angeben (siehe unten, „Blauer Stein").

Die Juranagelfluh ist ein Hinweis auf die zunehmende Hebung des Schwarzwaldes ab dem Mittelmiozän. Dort wurde nun das Deckgebirge intensiv abgetragen, und Teile der von Flußsystemen transportierten Geröllfracht wurden im tieferen Umland abgelagert. Die Juranagelfluh ist dort besonders mächtig, wo sie rinnenartige Erosionsstrukturen ausfüllt, die auf das Molassebecken ausgerichtet sind. Am Berchen nördlich des Eichbergs und auch bei anderen Vorkommen in dieser Umgebung liegt die Basis der Juranagelfluh in 820 – 830 m und damit weit unter dem Niveau der jüngeren (pliozänen) Eichberg-Schotter (ca. 900 – 910 m, s. u.).

Miozäner Vulkanismus

Der „Blaue Stein" bei der Ortschaft Randen ist einer der westlichsten Ausläufer des Hegau-Vulkangebietes (MÄUSSNEST & SCHREINER 1982). Die vulkanisch aktive Phase im Hegau wurde über radiometrische Altersbestimmungen (Kalium-Argon-Methode) auf den Zeitraum Mittel- bis Obermiozän datiert (ca. 14 – 7 Millionen Jahre). In diesen tektonisch aktiven Zeitraum fällt wohl auch die Hauptabsenkung des Bonndorfer Grabens. Für die Basalte liegen Alterswerte um 10 Millionen Jahre vor. Beim Blauen Stein handelt sich um einen Härtling aus dunklem vulkanischem Gestein, der vermutlich der Rest eines größeren, zum Teil abgebauten Basalt-Vorkommens ist (Abb. 17), das von einem nahen Schlot gefördert wurde. Das Gestein ist ein Melilith-Nephelin-Basalt mit Olivin-Einsprenglingen. Gesteine mit einem solchen Mineralbestand werden auch als ultrabasisch bezeichnet, denn die enthaltenen Hauptminerale (Nephelin = Feldspatvertreter) entstehen nur aus extrem kieselsäurearmen Magmen. Die Basalt-Vorkommen des

7.1 Tertiär 61

Hegau-Vulkanismus erzeugen positive magnetische Anomalien, d.h. das Erdmagnetfeld war zur Zeit der Gesteinsbildung gleich orientiert wie heute („normale" Polarität). Ein Kompaß, der einem

Abb. 17 Der „Blaue-Stein", ein zwischen den Ortschaften Randen und Riedöschingen liegender Basalt-Härtling, ist das westlichste Vorkommen von vukanischem Gestein des Hegau-Vulkanismus.

Handstück dieser Basalte angenähert wird, reagiert deutlich auf das von der Gesteinsprobe erzeugte Magnetfeld. Die magnetische Wirkung geht vor allem von den im Gestein enthaltenen Titanomagnetiten aus (Beobachtungspunkt 28).

7.1.3 Pliozän

Eichberg-Schotter

Hinweise auf die Flußgeschichte im ausgehenden Tertiär ergeben sich vor allem aus geringmächtigen Schotterlagen und Streuschottern, die in einigen Hochlagen noch erhalten sind. Besonders interessant sind in dieser Hinsicht die **Eichberg-Schotter**, die als Streu auf dem Plateau des nördlich von Blumberg aufragenden Eichbergs stellenweise zu finden sind. Sie bestehen überwiegend aus hellen, deformierten Gangquarzen und Quarziten (Abb. 18), die aus dem Schwarzwald und zum Teil auch aus dem Gebiet des heutigen Aar-Massivs stammen. Sie werden aufgefaßt als Relikte eines Flußsystems mit Ursprung im Aarmassiv, der **Aare-Donau**. Das Rinnensystem erstreckte sich zunächst in nordöstliche Richtung über die Umgebung von Blumberg zum Donautal und verlief ab hier ähnlich dem heutigen Donau-Lauf nach Osten (Abb. 20, 21).

Roßhag-Schotter

Auch auf den westlich und nordöstlich der Ortschaft Göschweiler liegenden Anhöhen treten in einer ähnlichen Höhe wie auf dem Eichberg verbreitet Streuschotter auf, die **Roßhag-Schotter** (Abb. 21, 30, 31). Sie werden benannt nach einem Vorkommen auf einer Kuppe 1 km nordöstlich von Göschweiler (Punkt 902 m, an der Doline, Beobachtungspunkt 2). Aufgrund ihrer ähnlichen Höhenlage nimmt man bei den Eichberg- und Roßhag-Schottern ein gleiches Alter an (Pliozän, evtl. Ältestpleistozän). Sie bestehen zum größten Teil aus Buntsandstein-Geröllen mit Durchmessern von bis zu 0,5 m, zu geringen Anteilen sind auch Quarzite und Amphibolit vertreten. Alpine Komponenten fehlen aber bei den Roßhag-Schottern, weshalb es sich hierbei um Ablagerungen eines westlichen Nebenzubringers der Aare-Donau mit Oberlauf im Schwarzwald handeln muß. Dieses vom südlichen Schwarzwald

Abb. 18 Die von der Aare-Donau im Pliozän abgelagerten Eichberg-Schotter sind nur noch an wenigen Stellen des Eichberg-Plateaus als dünne Streu erhalten.

zur Donau entwässernde Flußsystem wird als **Feldberg-Donau** bzw. **Donau-Wutach** bezeichnet (Abb. 20). Es existierte fast während des gesamten Pleistozäns bis zu der Ablenkung der Donau-Wutach zum Hochrhein (Wutachablenkung) im Würm-Glazial (Abschn. 1).

7.1.4 Landschafts- und Flußentwicklung im Tertiär

In den vorangegangenen Abschnitten wurden die wichtigsten Tertiär-Vorkommen des Wutachgebietes vorgestellt. In diesem Kapitel wird ihre Bedeutung im Rahmen der vereinfacht dargestellten Landschaftsgeschichte erläutert. Für fluß- und landschaftsgeschichtliche Entwicklungen sind tektonische Prozesse, die zur Zeit des Tertiärs im Alpenraum und in Südwestdeutschland verstärkt abliefen, ein wichtiger steuernder Faktor. Bei der Schilderung der tertiären Landschaftsentwicklung des südlichen Schwarzwaldes und des Wutachgebietes muß deshalb ein größeres Gebiet berücksichtigt werden, das neben Südwestdeutschland vor allem den nordwestlichen Alpenraum und das Molassebecken einschließt.

Auf die Ausgangssituation zwischen der späten Kreide und dem Beginn des Tertiärs kann indirekt geschlossen werden. Im frühen Tertiär lag Südwestdeutschland nur wenig über dem Meeresspiegel und die Situation war zunächst noch ähnlich wie in der Kreidezeit. In der Kreide waren in Südwestdeutschland die bis dahin obersten Ablagerungen des Deckgebirges, die Jura-Kalke, über den Meeresspiegel gehoben worden, womit die Sedimentation des Deckgebirges in Südwestdeutschland endete. Darauf weisen auch die fehlenden kreidezeitlichen Ablagerungen hin. Aufgrund der nur geringen Abtragung des Jura kann der Hebungsbetrag nur gering gewesen sein.

Im frühen Tertiär änderte sich die Situation. Während Südwestdeutschland noch ein flaches Abtragungsgebiet war, begann im Molassebecken die Anreicherung von Schutt, der aus den aufsteigenden Alpen zugeführt wurde. Heute besteht die Molasse aus einem Sedimentkörper zwischen dem Südrand der Alb und den Alpen. Auf der südwärts abtauchenden Malmplatte liegen vor allem Sedimente von Flüssen und aus der Flachsee, deren Mächtigkeit nach Süden zum Alpenrand hin auf bis auf 5000 m ansteigt. Im frühen Tertiär begann auch im Gebiet des Oberrheingrabens bei zunehmender tektonischer Aktivität mit Vulkanismus (Kaiserstuhl) die Sedimentation. Die ältesten Sedimente stammen aus dem Eozän und liegen im Südteil des Grabens zum Teil auf Braunjura, im Norden auf noch tieferen Einheiten (z. T. Paläozoikum). Daraus ist eine Hebungstendenz mit erheblicher Abtragung schon in der Kreidezeit und im frühesten Tertiär für dieses Gebiet ersichtlich. Im Oligozän, der Zeit der Unteren Meeresmolasse, existierte über den Oberrheingraben eine Verbindung zwischen dem Molassemeer und einem nördlichen Meeresbecken. Bezüglich der Abtragung im Gebiet des Hochschwarzwaldes gibt der **Alpersbacher Vulkanschlot** zwischen dem Höllental und dem Feldberg einen wichtigen Anhaltspunkt (WIMMENAUER 1982). Bei diesem kleinen Vorkommen verstreuter Deckgebirgskomponenten (bis Weißjura) innerhalb des Gneiskomplexes wurde geochemisch nachgewiesen, daß es sich hierbei um die Füllung eines vulkanischen Förderschlotes handelt – früher wurden auch Streuschotter oder eine besondere tektonische Lagerung für möglich gehalten. Der Ausbruch erfolgte vermutlich zeitgleich mit vergleichbaren Eruptionen um Freiburg im Eozän. Demnach muß in diesem Zeitraum im Gebiet des Feldberges das Deckgebirge bis zum Malm noch erhalten gewesen sein.

Zu Beginn der Molasse-Sedimentation im Oligozän befand sich im heutigen Alpenvorland ein nach Osten geöffnetes und bis in das heutige Oberrheingebiet ausgedehntes Senkungsgebiet. Im Unteren und Mittleren Oligozän wurden hier bis zu 2000 m Sediment aufgeschüttet, meist sandige bis tonige Meeres- und Deltaablagerungen, die als **Untere Meeresmolasse** zusammengefaßt werden (wichtig Deutenhausener und Tonmergel-Schichten, zusammen bis 1600 m mächtig, Baustein-Schichten, 200 m). Die Haupttransportrichtung am Alpen-Nordrand war nach Osten gerichtet.

Der Sedimentationsraum vor den Alpen dehnte sich im Oberen Oligozän und Unteren Miozän nach Süden aus, ohne jedoch den Klettgau und die Baar zu erreichen. Die Ablagerungen aus dieser Zeit sind die Tone, Sande und Mergel der **Unteren Süßwassermolasse**. Sie wurden überwiegend in Flüssen und Seen abgelagert und sind am Alpenrand gebietsweise über 3000 m, am Bodensee immerhin noch um die 500 m mächtig.

Am Ende des Unter-Miozäns griff die Sedimentation dann bei einem Anstieg des Meeresspiegels auch auf den Südrand der Alb über. Dabei entstanden im Randengebiet die geringmächtigen Sandkalke der **Oberen Meeresmolasse**, die vermutlich eine küstennahe Strandablagerung sind (S. 58, 103). Im Zentrum des Beckens wurden vor allem marine Sande abgelagert, die von verschiedenen Positionen an der Alpenfront in das Becken geschüttet und parallel zur Beckenachse nach Nordosten verschleppt wurden (Napf-, Hörnli-, Bodensee- und Hochgrat-Schüttung). Die ehemalige nördliche Ausdehnung des Meeres zeichnet eine parallel zum südlichen Albrand verlaufende und von ihrer ehemaligen Überdeckung befreite Abrasionsfläche nach, die Klifflinie. Als Wasserwaage für die Zeit der Oberen Meeresmolasse kann aus ihr der Hebungsbetrag und die Verkippung des Deckgebirges seit dem Obermiozän bestimmt werden. Bei Randen liegen die Sandkalke auf Malm β, wonach dort der höhere Malm schon vorher abgetragen worden sein muß. Bisher noch nicht erwähnt wurden die **Graupensande**. Sie lagern in einer Rinnenstruktur, welche in die bisher abgelagerten Molasse-Gesteine eingeschnitten und mit quarzreichem Grobsand und Feinkies verfüllt wurde (Abb. 20). In der südlich der Alb verlaufenden Rinne wurde vor allem kristallines Material aus Nordosten (Ursprung vermutlich im heutigen Böhmen) in ein Restmeer im Nordschweizer Raum transportiert. Die Transportrichtung war also nach Südwesten orientiert. Im Südteil des Wutachgebietes gibt es auch einige Vorkommen der Graupensande, z.B. in der Sandgrube Riedern südlich des Klettgautales. Diese lagen dicht am Nordrand der Rinne und auch vermutlich nah an der Einmündung in das verbliebene Molassemeer. Die Graupensande gehören zu einem als Brackwassermolasse zusammengefaßten Sedimentkomplex aus dem Übergang zwischen dem Unter- und dem Mittel-Miozän.

Bei der Ablagerung der darüber liegenden Oberen Süßwassermolasse im Mittleren und Oberen Miozän änderte sich die Entwässerungsrichtung im Beckenzentrum. Entlang der Beckenachse wurden die Glimmersande nach Südwesten geschüttet (Abb. 20, zuvor

Abb. 19 Aufschluß der Graupensande (Sandgrube Riedern) auf dem Höhenzug südlich des Klettgau-Tales.

wurde im Beckenzentrum nach Nordosten entwässert). Der Schwarzwald und auch die südlichen Randgebiete müssen in dieser Phase gehoben worden sein, denn dort setzen verstärkt Sedimentschüttungen ein. Verhältnismäßig mächtig sind die Geröllablagerungen der **Jüngeren Juranagelfluh** im Randen und im Klettgau (SCHREINER 1965). Sie bestehen aus Erosions- und Umlagerungsprodukten aus dem Schwarzwald, der nun verstärkt gehoben und abgetragen wurde. Da in den höheren Bereichen der Jüngeren Juranagelfluh schon Buntsandstein und Komponenten des Grundgebirges auftreten, muß das immerhin etwa 700 m mächtige Deckgebirge in einigen Gebieten schon völlig abgetragen worden sein. Dieser Abtragungsbetrag ist auch ein Maß für die gewaltige Hebung in diesem Zeitraum. Die Juranagelfluh wurde in Rinnen in das Molassebecken transportiert und an der Aufweitung am Beckenrand abgelagert. Aus der Erosion dieser Rinnen in die Jura-Oberfläche wird auch der deutliche Höhenunterschied zwischen dem Molassebecken und den nördlichen Randgebieten ersichtlich. Neben dem Hebungsschub im Schwarzwald sind auch der Vulkanismus im Hegau und die Absenkung des Bonndorfer Grabens Belege für die auflebende tektonische Aktivität im Miozän. Abgesehen von den Rinnen der Juranagelfluh gibt es noch keine flußgeschichtlichen Zeugnisse im Schwarzwald. Vermutlich wurden aber schon einige Haupttäler in ihren Grundzügen vorgezeichnet.

Im frühen Pliozän änderte sich das Entwässerungsnetz grundlegend durch eine nun ostwärts orientierte Hauptentwässerung im Molassebecken. Vom Berner Oberland aus floß die Aare-Donau vermutlich über das Schweizer Mittelland in die Region um Blumberg und ab dort über einen ähnlichen Weg wie die heutige Donau in das Pannonische Becken (z.B. MANZ 1934, VILLINGER 1998). Über die Geröllablagerungen der Aare-Donau auf dem Eichberg wurde oben schon berichtet. Südlich von Blumberg existieren nur auf dem Villiger Geisberg Geröllreste der Aare-Donau. Weiter östlich findet man sie auf den Anhöhen neben dem Donautal häufiger, z.B. nordöstlich und südwestlich von Geisingen und an mehreren Stellen zwischen Beuron und Sigmaringen. Das am Beginn oder während der Juranagelfluh-Schüttung herausgeformte Relief (Rinnen) war durch die Nagelfluh-Ablagerungen plombiert worden, so daß die Aare-Donau vermutlich auf einer flachen, weiten Landoberfläche floß. Die Feldberg-Donau war zu dieser Zeit ein Nebenzubringer der Aare-Donau, der vermutlich um Blumberg in diese

68 7 Landschaftsgeschichte

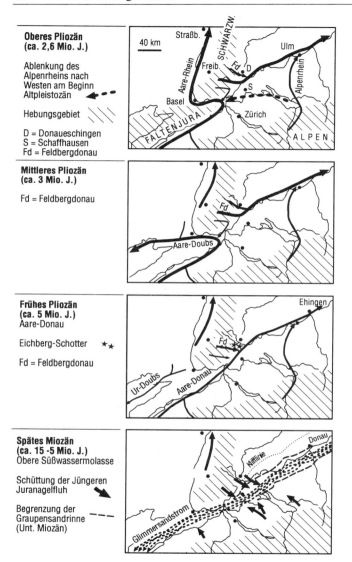

Abb. 20 Übersicht der Flußentwicklung in Südwestdeutschland zwischen dem Miozän und dem frühen Pleistozän.

einmündete (Abb. 20). Im südlicheren Hotzenwald existierten vermutlich parallel zur Feldberg-Donau verlaufende, auf die Aare-Donau ausgerichtete Täler. Die nach Osten und Südosten orientierten Oberläufe einiger Hotzenwald Flüsse wurden entlang dieser alten Talsysteme angelegt. Vertikalbewegungen der Erdkruste im westlichen Alpengebiet und Schweizer Jura haben im Mittleren Pliozän den Oberlauf der Aare-Donau über das heutige Tal der Doubs (Aare-Doubs) zum Mittelmeer umgelenkt. Dabei wurde die Feldberg-Donau nun zum südlichen Oberlauf der Donau. Der Alpen-Rhein entwässerte zu dieser Zeit noch zur Donau, in die er nahe Ehingen einmündete. Im Rheintal lag im Gebiet um den Kaiserstuhl eine Wasserscheide. Nördlich dieser Wasserscheide befand sich der Ursprung des durch den Oberrheingraben in Richtung Nordsee entwässernden Ur-Rheines (Kaiserstuhl-Rhein). Im Oberpliozän allerdings wurde diese Wasserscheide bei der Umlenkung der Aare in das Rheintal überwunden.

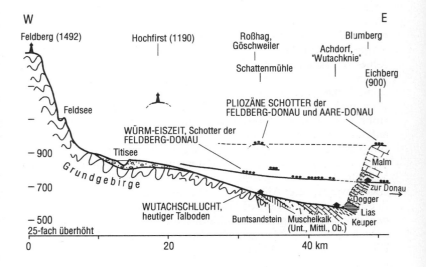

Abb. 21 Geologisches Profil vom Feldberg nach Blumberg mit den Niveaus pliozäner und würmeiszeitzeitlicher Flußablagerungen (Feldberg- und Aare-Donau). Die Würm-Schotter liegen aufgrund der tiefen Taleinschneidung nach der Wutachablenkung hoch über der Sohle der Wutachschlucht.

An der Wende Tertiär/Quartär wurde das Flußnetz im Umfeld des Schwarzwaldes also bestimmt von einer nach Osten entwässernden Feldberg-Donau und dem Aare-Rhein, der in die Nordsee einmündete (Abb. 20). Erst im frühen Pleistozän floß der Alpen-Rhein nicht mehr in die Donau, sondern er wurde nach Westen umgelenkt und benutzte das vom Aare-Rhein erodierte Tal auf seinem Weg durch den Oberrheingraben in die Nordsee.

7.2 Quartär

7.2.1 Einführung

Das Quartär, der jüngste Abschnitt der Erdgeschichte, begann vor ungefähr 2,6 Millionen Jahren und ist gekennzeichnet durch weltweite starke Klima-Wechsel und die damit verbundenen Auswirkungen auf die Umwelt. Im älteren Abschnitt des Quartärs, dem **Pleistozän** („Eiszeitalter"), traten in recht regelmäßiger Folge Zeiträume mit extremer Temperatur-Abnahme auf (Kaltzeiten, Glaziale), die durch Warmzeiten (Interglaziale) voneinander getrennt waren. Eine deutliche Erwärmung im Anschluß an die letzte Kaltzeit (Würm-Glazial) leitete schließlich vor ungefähr 10.000 Jahren das **Holozän** ein. Auch das Holozän wies klimatische Variationen auf, jedoch mit einem weit geringeren Ausmaß. Um die klimatische Entwicklung im Quartär zu erforschen, eignen sich verschiedene Sedimente des Festlandes und der Meere sowie Eis-Bohrkerne. Sedimentprofile aus tiefen Meeresbecken enthalten aufgrund einer kontinuierlichen Sedimentation weniger Überlieferungslücken und ermöglichen Aussagen, die auch meist weiter in die Vergangenheit reichen. Eine Klimakurve, die auf Grundlage der Verhältnisse von Sauerstoff-Isotopen in Meeresablagerungen erstellt wurde, zeigt Abb. 22. In den Kaltzeiten sind größere Anteile des leichteren Sauerstoff-Isotops ^{16}O in den Eismassen gebunden, wodurch kalkige Foraminiferenschalen in den Meeresablagerungen relativ mit ^{18}O angereichert sind (Isotopen-Fraktionierung). Die Kurve zeigt die häufigen und regelmäßigen Klimaschwankungen der letzten Million Jahre. Klimarekonstruktionen aus Ablagerungen des Festlandes reichen normalerweise nicht weiter als

7.2 Quartär 71

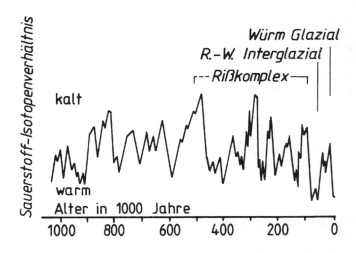

Abb. 22 Klimakurve für die letzte Million Jahre nach Sauerstoff-Isotopenverhältnissen (nach THOME 1998, Tiefsee-Kern V 28-239).

100.000–200.000 Jahre zurück. Aussagen über klimatische Bedingungen erhält man dabei vor allem über die Vegetationsgeschichte, deren Ablauf aus fossilen Pollenkörnern ermittelt werden kann. Als Ursachen der Klimaänderungen werden heute periodische Änderungen der Erdbahnparameter und Störungen beim Temperaturausgleich zwischen den Polen und dem Äquator angenommen.

Im Verlauf der Kaltzeiten haben sich in den Mittel- und Hochgebirgsregionen der höheren und mittleren Breiten aus akkumulierten Schneemassen Gletscher gebildet, die in den Phasen maximaler Abkühlung weit in das Vorland der Gebirge vorgedrungen sind. In den unvergletscherten Gebieten lagen über einem dauerhaft gefrorenen Boden (Permafrost) Gräser- und Kräuter-Steppen.

In Südwestdeutschland wurden durch Ablagerungen und Landschaftsformen, die von Gletschern und eiszeitlichen Flußsystemen geprägt worden sind, sowie durch Bodenprofile mehrere pleistozäne Kaltzeiten (Glaziale) nachgewiesen und nach Flüssen des Alpenvorlandes bezeichnet: Donau, Günz, Mindel, Riß, Würm (von alt nach jung). Diese klassische Einteilung ist vereinfacht, denn heute weiß man, daß einige der Abschnitte keine Zeiträume mit konstanten Klimabedingungen waren, sondern zum Teil Einschnitte in der Größenordnung von Interglazialen aufwiesen. Um dieser Komplikation gerecht zu werden, spricht man zum Teil auch von Glazial-Komplexen (Abb. 23). Entsprechend schwierig ist es, einzelne Vorkommen eiszeitlicher Ablagerungen zu datieren und miteinander zu korrelieren.

7.2.2 Das Pleistozän im Schwarzwald und im Wutachgebiet

Im Schwarzwald fanden mehrere Talvergletscherungen statt, die von der knapp 1500 m hohen Feldbergregion ausgingen. In der letzten Kaltzeit, dem Würm-Glazial, drang das Eis vom Feldberg aus bis zu 25 km weit (Albtal) und in Höhenlagen um 800 m hinab vor. An der Ostabdachung des Schwarzwaldes, in den insgesamt höher gelegenen Tälern mit geringerem Gefälle, war der Eisaufbau im Lee des Schwarzwald-Hauptkammes begünstigt. Die Spuren der Gletscher sind Ablagerungen wie **Moränendecken, Erratische Blöcke** und **Endmoränenwälle**. Die Moränendecken sind Reste von im Gletschereis eingeschlossenem Sand und Gestein, sie überziehen als Schleier ehemals vom Eis bedeckte Gebiete. Oft wurden die Moränendecken durch spätere Erosion an den Hängen oder bei jüngeren Eisvorstößen entfernt oder aufgearbeitet. Erratische Blöcke sind große Brocken von Gesteinen, die sonst nur in weiter entfernten Gegenden vorkommen, sie liegen isoliert in der Landschaft und weisen als Fremdgestein und durch Spuren mechanischer Beanspruchung (Striemung, die Blöcke sind oft „poliert") auf glazialen Ferntransport hin. Die Endmoränenwälle markieren Positionen, an denen die Geschiebefracht des Gletschers im Bereich der Eisfront angereichert wurde. Sie entstanden in klimatisch kühleren Abschnitten, in denen der Gletscher kaum abschmolz und die Eisfront sich über kleine Entfernungen vor- und zurückbewegte. Von den Gletschern wurden auch die Talsohlen vertieft. In den beim Eisrückzug verbliebenen Senken entstanden später Seen (z.B. Titisee). Wichtige eiszeitliche Ablagerungen sind auch die Absätze aus Schmelzwasserströmen (vor allem Schotter). Die heutigen Talfüllungen bestehen zum größten Teil aus der Fracht eiszeitlicher

Flußsysteme, in denen der von den Hängen bei spärlicher Vegetation reichlich zugeführte Frostschutt abtransportiert wurde.

Riß-Komplex

Der Riß-Komplex umfaßt den Zeitraum zwischen der Ablagerung der sogenannten Deckenschotter im Haslach-Mindel-Günz-Komplex und dem Würm-Glazial (Abb. 23). Es ist ein klimatisch uneinheitlicher Abschnitt, der durch unterschiedlichste Ablagerungen und geologische Prozesse gekennzeichnet ist. Die im Wutachgebiet nur im Bereich Hochrhein und Klettgau noch auftretenden Deckenschotter (Flußablageurngen) heben sich hier von den jüngeren Flußsedimenten durch ihre weit über den heutigen Talsohlen liegende Untergrenze (um 420 m) ab. Die meisten der dortigen Täler wurden somit erst nach Ablagerung der Deckenschotter auf ihr heutiges Niveau eingetieft.

Im Südschwarzwald gibt es nur wenige Spuren aus der Riß-Eiszeit. Die meisten Ablagerungen aus dem Riß wurden während der darauffolgenden Würm-Kaltzeit erodiert und aufgearbeitet. Von den Moränen und Flußablagerungen des Würm unterscheiden sie sich durch einen höheren Verwitterungsgrad und ihre relative Lage zu den jüngeren Endmoränenwällen und Schotterterrassen. Allgemein war der Eisvorstoß in das Vorland während der Riß-Eiszeit weiter als im Würm. Die genaue Ausdehnung ist im Südschwarzwald aber nicht bekannt und umstritten, da Moränenablagerungen, die zweifelsfrei dem Riß zugeordnet werden können, nur von wenigen Vorkommen bekannt sind. Diese liegen 1,5 km westlich des Herzogenhorn und nordwestlich von Gündelwangen.

Um Waldshut und Tiengen, also an der Einmündung der Wutach in den Hochrhein, sowie im Klettgau, sind rißzeitliche Ablagerungen dagegen verbreitet. Es sind kompliziert gelagerte, aus verschiedenen Riß-Phasen stammende Schotter, Moränen und Stausee-Ablagerungen. Am Beginn des Riß-Komplexes haben sich die Flüsse hier tief unter die Basis der Deckenschotter eingeschnitten. Das Klettgau-Tal (Lage siehe Abb. 2) wurde beispielsweise in diesem frühen Abschnitt des Riß-Komplexes bis 40 m unter den heutigen Talboden und sogar 90 m unter der Basis der Deckenschotter eingetieft. Nach der Erosion fand eine Sedimentation von bis zu 80 m Kies statt, bei der die angelegten Täler wieder weitgehend

7 Landschaftsgeschichte

aufgefüllt wurden. Aus diesen mächtigen Flußablagerungen besteht zum Beispiel am nördlichen Ortsausgang von Ober-Lauchringen (nördlich Tiengen) eine Wand aus Konglomeraten (an der Straße nach Stühlingen). In diese mächtigen Kiesablagerungen haben sich

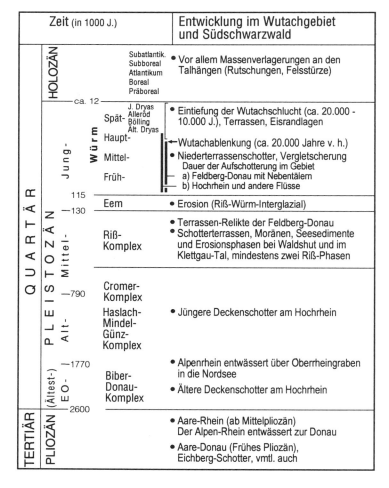

Abb. 23 Gliederung des Quartärs (nach VILLINGER 1998) mit Angaben zu fluß- und landschaftsgeschichtlichen Ereignissen.

die Flüsse in der Folgezeit wieder etwa auf das Niveau der heutigen Talsohle eingeschnitten. Bei einem erneuten Gletscher-Vorstoß von den Alpen her wurden in dem Talsystem wieder Schotter abgelagert. Die Eismassen drangen etwa bis Tiengen/Unter-Lauchringen in das untere Wutachtal vor und stauten die von Norden her kommenden Flüsse zu einem See auf. Die jüngeren Schotter werden deshalb von Seesedimenten (Basis um 370 m) und diese wiederum stellenweise von Moräne des vorgerückten Gletschers überlagert. Im Riß-Würm-Interglazial haben sich die Flüsse dann wieder etwa 50 m eingeschnitten. Der als Riß zusammengefaßte Zeitraum ist also geprägt von einer komplizierten und wechselhaften Talentwicklung.

Würm-Glazial

Von der Würm-Eiszeit gibt es im Schwarzwald und Wutachgebiet zahlreiche Spuren. Neben den verbreiteten Moränendecken, glazialen Oberflächenformen (Rundhöcker, Gletscherschliffe) und Flußablagerungen sind es vor allem die teilweise noch erhaltenen Moränenwälle von den verschiedenen Stadien des Eisrückzugs, die eine Rekonstruktion der verschiedenen geologischen Entwicklungen in der Würm-Eiszeit ermöglichen.

Das Würm-Glazial begann vor ungefähr 80.000 Jahren, als das mit heutigen Verhältnissen vergleichbare, vermutlich sogar geringfügig wärmere Klima des Riß-Würm-Interglazials von einer deutlich kühleren Phase abgelöst wurde. Die größte Abkühlung (Würm-Hochglazial bzw. Hauptwürm) trat erst etwa 18.500 Jahre vor heute ein (Abb. 22) nach einem insgesamt kalten, klimatisch aber auch wechselhaften Zeitraum mit etwas wärmeren Abschnitten (Interstadiale). Zwischen dem Hochwürm und dem Beginn des Holozän vor etwa 10.000 Jahren lag eine Übergangsphase, in der das Klima schrittweise mit einigen kurzen Rückschlägen wieder wärmer wurde (Würm-Spätglazial).

Am Kältemaximum im Würm-Hochglazial war das Klima im Jahresmittel bis 12 °C, der Februar vermutlich sogar bis zu 18 °C kühler als heute. Demnach waren die Temperaturunterschiede zwischen Sommer und Winter (Saisonalität) gegenüber heute erheblich größer (Werte für Mitteleuropa nach FRENZEL et al. 1992). Für den Zeitraum um 25.000–35.000 Jahren, der etwas wärmere, interstadiale Verhältnisse repräsentiert (Denekamp-Interstadial), geht man von Temperaturen aus, die im Jahresmittel 8 – 10 °C kälter waren als heute.

Aufbau des würmzeitlichen Feldberggletschers

Entsprechend dem geschilderten Klimaablauf erfolgte die Hauptvereisung mit dem maximalen Eisvorstoß in der Spätphase des Würm-Glazials. Der Eisaufbau der Hauptvergletscherung begann vermutlich bei einer Abkühlung am Ende einer etwas wärmeren Zwischenphase (Denekamp-Interstadial) vor etwa 28.000 Jahren. Im Würm-Hochglazial erreichten die Gletscher dann vor etwa 18.500 Jahren ihre maximale Ausdehnung (Abb. 24). Im südlichen Hauptast des Wutachoberlaufs, dem Haslachtal, erstreckte sich der vom Feldberg ausgehende Gletscher etwa 16 km weit nach Osten. Endmoränenwälle, Rundhöcker und Grundmoränen-Vorkommen, die von Kappel (um 860 m) in das Haslachtal östlich Lenzkirch hinunter ziehen, zeugen von der maximalen Eisausdehnung. Im Gutachtal ist die Lage des Würm-Maximalstandes umstrittener. Endmoränenbögen sind im Gutachtal nicht entwickelt. Im Jostal, das am Westende von Titisee-Neustadt in das Gutachtal einmündet, sind beim Schottenhof (um 840 m) sowie in dem östlich davon liegenden Langenordnachtal Moränenwälle erhalten. Talaufwärts dieser Moränenwälle wurden die kleinen Flüsse von den Gletschern zu Seen aufgestaut (Seeablagerungen).

In die steilen und tieferen Täler westlich des Feldbergs drangen die Gletscher wegen der geringeren Höhe und des kleineren Nährgebietes nicht so weit vor. Von Süden her stießen die Gletscher aus den Alpen etwa bis Schaffhausen vor. Die von der Gletscherfront ausgehenden Schmelzwasserströme und die einmündenden Nebenbäche haben die Sedimentfracht zu mächtigen Kieslagern aufgeschüttet (siehe Abschnitt 7.2.3). Üblicherweise werden die Flußablagerungen der Würm-Eiszeit auch als Niederterrassenschotter bezeichnet. Die heute westlich Achdorf auf den Anhöhen neben der Wutachschlucht erhaltenen Niederterrassenschotter wurden abgelagert, als der südöstliche Schwarzwald noch über die Donau-Wutach bzw. Feldberg-Donau durch die Blumberger Pforte zur Donau entwässert wurde. Im Würm-Hochglazial kam es zur Ablenkung der Donau-Wutach in Richtung Hochrhein (Abb. 24).

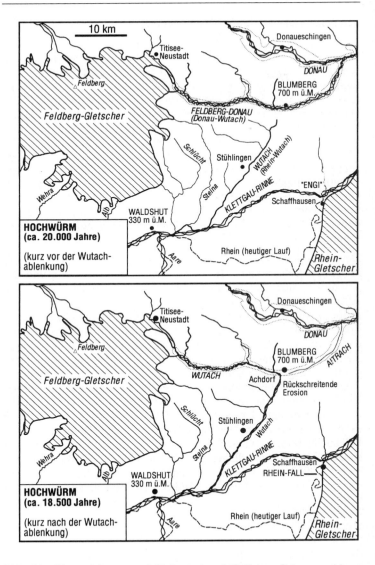

Abb. 24 Eisausdehnung und Flußnetz im südöstlichen Schwarzwald am Höhepunkt der letzten Kaltzeit (Würm-Hochglazial). Aus dem Gletschereis herausragende Gipfel (Nunataker) wurden bei der Darstellung des Feldberggletschers nicht berücksichtigt.

Zurückschmelzen des Feldberggletschers im Würm-Spätglazial

Im Würm-Spätglazial vollzog sich bei einer stufenweisen Erwärmung der schrittweise Eisrückzug. In Stillstandsphasen oder während kleinräumiger Oszillationen der Gletscherfront wurden Endmoränenwälle angehäuft, von denen heute stellenweise noch Reste existieren (Abb. 25, 27). Heute werden im Südschwarzwald fünf Haupt-Eisrandlagen unterschieden, die nach Lokalitäten im Bärental bezeichnet sind und zeitlich mit kalten Abschnitten im Hochwürm und Würm-Spätglazial zusammenhängen (LIEHL 1982, MEINIG 1966, STEINMANN 1902). Die Datierung dieser Rückzugsstadien ist ein Ergebnis pollenanalytischer und sedimentologischer Untersuchungen an Mooren und Seeablagerungen im Gebiet der ehemaligen Eisüberdeckung (LANG et al. 1984). Die höchsten Sedimentalter bei diesen Vorkommen geben die Zeitpunkte an, ab denen die jeweilige Stelle nach dem Zurückschmelzen des Gletschers eisfrei gewesen sein muß.

Der Maximalstand der Würm-Vereisung (Stadium I) entspricht der äußersten Eisrandlage. Bei diesem Stadium kann aufgrund der Kenntnisse über die Klimaentwicklung in der Würm-Eiszeit ein Alter von etwa 18.500 Jahren angenommen werden (Zeitpunkt der größten Abkühlung). Bei dem etwas jüngeren Hölzlebruck- bzw. Föhrwaldstand lag der Eisrand im Gutachtal am westlichen Ortsende von Titisee-Neustadt. Das sogenannte Titisee-Rückzugsstadium (Stadium II, ca. 15.000 Jahre) ist in mehreren Tälern deutlich ausgeprägt. Seine Endmoränen am Ostrand des Titsees sind durch die Überbauung heute allerdings kaum noch erkennbar. Der Mühlinger-Stand im Haslachtal entspricht dem Titisee-Stadium. Zwischen dem Titisee-Stadium und dem Feldsee-Stadium gibt es im Bärental noch zwei Rückzugshalte, das Behabühl- bzw. Falkau-Stadium (III) und das Waldhof-Stadium (IV). Noch jünger sind die beiden Eisrandlagen östlich des Feldsee (Feldsee-Stadium, V, ca. 11.000 Jahre). Sie entsprechen einem Kar-Stadium, in dem nur noch das nach Osten exponierte Feldsee-Kar von Eis erfüllt war.

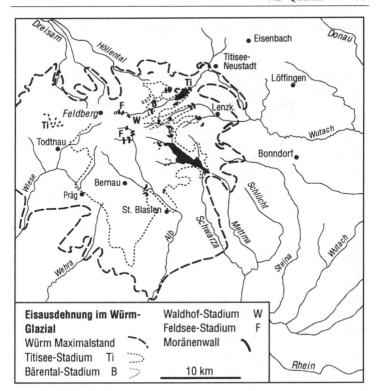

Abb. 25 Vereinfachte Übersicht der Eisrandlagen in der Würm-Eiszeit im südöstlichen Schwarzwald. Nach LIEHL (1982).

7.2.3 Flußentwicklung im Würm-Glazial

Das herausragende und die Landschaft prägendste Ereignis der würmzeitlichen Flußentwicklung im Wutachgebiet ist die Ablenkung der Donau-Wutach zum Hochrhein, eines der eindrucksvollsten Beispiele einer jungen Flußablenkung in mitteleuropäischen Mittelgebirgslandschaften. Die Entwicklung der Donau-Wutach in der Würm-Eiszeit umfaßt vor allem zwei Hauptabschnitte. Zwischen dem Beginn des Würm und der Ablenkung der Donau-Wutach zum Hochrhein wurden zunächst die Schotterlager der Donau-

Wutach aufsedimentiert. Im Würm-Spätglazial erfolgte dann bei langsamer Erwärmung die schrittweise Tieferlegung der Talsohle, die zeitgleich mit dem Rückzug des Feldberggletschers ablief.

Die meisten Flüssen Mitteleuropas haben unter kaltzeitlichen Bedingungen Schotter (Grobkies) abgelagert, in die sich der Fluß mit der einsetzenden Erwärmung nach dem Hochwürm stufenweise eingeschnitten hat. Dieser Vorgang ist hier ausschließlich klimatisch gesteuert und die Tieferlegung beträgt – wie z.B. beim Hochrhein oder im Wutachtal südlich von Grimmelshofen (Abb. 28) – nur wenige Meter (Größenordnung normalerweise 2 – 10 m). Die von den Würm-Ablagerungen oberhalb der jüngeren (holozänen) Talauen und tieferen Terrassen aus dem Würm-Spätglazial wird als Niederterrasse bezeichnet. Als Folge der Wutachablenkung setzte aber bei der Wutach im Würm-Hochglazial eine in ihrer Geschwindigkeit und in ihrem Ausmaß extreme Tiefenerosion (bis 150 m) ein. Wegen dieses hohen Einschneidungsbetrages liegen die würmzeitlichen Sedimente der Donau-Wutach ungewöhnlich hoch über der heutigen Talsohle der Wutach (z.B. Abb. 27). Die gebräuchliche Bezeichnung Niederterrasse bzw. Niederterrassenschotter für diese Vorkommen ist zwar richtig, aber etwas verwirrend. Durch unterschiedliche Geschwindigkeiten der Taleinschneidung sind in verschiedenen Abschnitten des Wutachtales Terrassenstufen entwickelt, die mit klimatischen Einschnitten und dem ungleichmäßigen Eisrückzug zusammenhängen.

Die würmzeitlichen Schotter der Donau-Wutach

Wie die meisten pleistozänen Ablagerungen unserer größeren Flüsse bestehen die würmzeitlichen Ablagerungen der Donau-Wutach (Abb. 26) überwiegend aus groben Schottern. Entsprechend dem geologischen Bau des Einzugsgebietes und der Stabilität der einzelnen Gesteine überwiegen bei den Schottern der Donau-Wutach Komponenten aus Granit und Gneis. Großflächige Reste der würmzeitlichen Flußablagerungen gibt es im Gutachtal auf der linken Talseite vor der Einmündung der Haslach (aufgelassener Kiesabbau, Grube Kappel), dann im Wutachtal ebenfalls auf der linken Talseite um Gündelwangen (hier mit gut erhaltenen Terrassen, Beobachtungspunkt 30, Abb. 37) und gegenüber auf Höhe vom Gehöft Stallegg. Talabwärts der Schattenmühle gibt es Niederterrassenflächen um Boll und nordwestlich von Ewattingen.

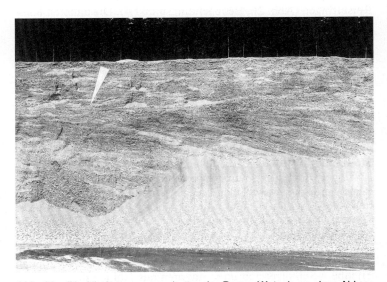

Abb. 26 Die Niederterrassenschotter der Donau-Wutach an einer Abbauwand in der Kiesgrube Wintermantel, Reiselfingen. Höhe der Wand ca. 23 m. Im obersten Wanddrittel verläuft eine durch grobe Gerölle gekennzeichnete Diskordanz (Sedimentationslücke, Erosionsphase), die eine etwas wärmere Phase im Würm-Glazial repräsentiert (Denekamp-Interstadial, ca. 28.000 Jahre).

Das größte zusammenhängende Vorkommen von Niederterrassenschottern (bis 1,5 km breit) erstreckt sich über etwa 5 km zwischen Reiselfingen und der Gauchach. Die Niederterrassenschotter der Gauchach heben sich von denen der Wutach durch ihre Zusammensetzung deutlich ab (kein Grundgebirgsmaterial, vor allem Muschelkalk-Gerölle).

Aufgrund der mit der Wutachablenkung vor etwa 20.000 Jahren einsetzenden Tiefenerosion endete die Aufschotterung durch die Donau-Wutach etwas früher, als es bei mitteleuropäischen Flüssen normalerweise der Fall ist. Üblicherweise endete die kaltzeitliche Aufschotterung erst später mit der langsam einsetzenden Erwärmung nach dem Höhepunkt der Würm-Eiszeit (ca. 18.500 Jahre vor heute). Den besten Einblick in die Niederterrassenschotter der Donau-Wutach bietet ein Kiesabbaugebiet zwischen Bachheim und

Reiselfingen (Abb. 26, Beobachtungspunkt 4). Die anderen Kiesgruben sind schon rekultiviert oder verfallen langsam (z.B. Kiesabbau bei Kappel im Gutachtal). Beim Kiesabbau Großwald 2 km westlich Reiselfingen sind die Niederterrassenschotter bis zu 25 m mächtig. Im obersten Drittel der Schotter, etwa 7 m unter der Geländeoberfläche, befindet sich eine Erosionslage mit groben Geröllen. In früheren Abbaustadien waren unmittelbar über diesem Horizont auch lehmige Zwischenlagen und Dolinenfüllungen angeschnitten, die örtlich pflanzliches Material (Holz, Pollen) und selten auch Reste von Großsäugern enthielten. Diese seltenen Funde – der Beckenknochen eines Wollnashorns und zwei Mammut-Stoßzähne aus unterschiedlichen Horizonten – sind heute im Löffinger Heimatmuseum ausgestellt. Anhand der organischen Reste wurde die Zwischenlage mit der ^{14}C-Methode auf einen Zeitraum von 28.000 – 32.000 Jahre vor heute datiert, der mit einer klimatisch etwas günstigeren Phase zusammenfällt (Denekamp-Interstadial, siehe S. 75). Zwischen dem Ende des Interstadials und der Wutachablenkung am Höhepunkt der Würm-Eiszeit wurden noch 7 m Grobkies aufgeschottert. Übrigens haben die berühmten Elfenbein-Schnitzereien und Gravuren aus Höhlen der Schwäbischen Alb (Geißenklösterle, Vogelherd, Funde z.T. ausgestellt im Tübinger Schloßmuseum) ungefähr das gleiche Alter wie die interstadialen Lehm-Zwischenlagen. Unsere nahen Vorfahren aus dem Aurignacien, die schon Plastiken und Höhlenmalereien (Südfrankreich) von höchster künstlerischer Qualität schufen, fanden also anstatt der tief eingeschnittenen Wutachschlucht noch ein mehrere Kilometer breites Flußsystem (Feldberg-Donau bzw. Donau-Wutach) vor, welches den Südschwarzwald mit einem flachen Gefälle zur Donau entwässerte (Abb. 24).

Wutachablenkung, Eintiefung der Wutachschlucht

Die Wutachschlucht wurde nach der Wutachablenkung aufgrund der tief liegenden Erosionsbasis, die der Hochrhein bei Waldshut bietet (ca. 330 m), in beeindruckend kurzer Zeit erodiert. Auf den Zeitpunkt der Wutachablenkung kann anhand mehrerer Kriterien geschlossen werden. Unabhängig voneinander ergeben sie ein Datum um 20.000 Jahre vor heute am Höhepunkt der Würm-Eiszeit.

Eine erste und schon lange bekannte Abschätzung des Alter ergibt sich daraus, daß die unmittelbar vor der Wutachablenkung gebildete Schotterterrasse aufgrund ihrer Verknüpfung mit dem Würm-Maximalstand des Feldberggletschers aus dem Würm-Glazial stammen muß (Niederterrasse). Im Gefälle dieser Schotterterrasse liegt auch der Boden des breiten Tales, welches von Blumberg zur Donau zieht (Aitrach-Tal, Abb. 35) und als Talfüllung unter anderem aus der Würm-Eiszeit stammende Schotter vom Feldberggebiet enthält. In der Würm-Eiszeit muß die Feldbergregion somit noch über die Feldberg-Donau zur Donau entwässert worden sein. In den Niederterrassenschottern der Wutach dicht vor der Einmündung in den Hochrhein – sie können mit der Rhein-Niederterrasse korreliert werden – sind in den oberen Lagen Gerölle aus dem Schwarzwald enthalten, die also nach der Wutachablenkung hierher verfrachtet worden sein müssen (Abb. 28). Demnach erfolgte die Wutachablenkung im Hochwürm, aber noch kurz vor dem Höhepunkt der Würm-Vereisung, dem eine Tieferlegung der Flüsse folgte. Ein ähnliches Alter (um 20.000 Jahre vor heute) erhält man auch durch eine Bestimmung des Alters der Kiesoberfläche im Kiesabbau Großwald (siehe vorhergehender Abschnitt), indem mit Kies-Sedimentationsraten der Zeitraum zwischen der datierten Zwischenschicht und der Terrassenoberfläche abgeschätzt wird.

Nach der Wutachablenkung entstand zwischen der in 700 m Höhe liegenden Ablenkungsstelle bei Achdorf (Wutachknie) und dem bis Grimmelshofen in der Würmeiszeit schon weitgehend ausgeformten, ehemaligen Nebental des Rheins ein Flußabschnitt mit einem hohen Gefälle (Ausgangsgefälle ca. 3 %) und entsprechend großer Erosionsleistung. Von hier aus schnitt sich die Wutach dann stufenweise rückschreitend in Richtung Schwarzwald in den Untergrund ein. Bei verlangsamter Tiefenerosion entstanden Flußterrassen (ehemalige Talsohlen), von denen heute stellenweise – besonders in den härteren Gesteinen des Grundgebirges – noch Reste erhalten sind (Abb. 27). Über deren Verlauf und Alter kann die Geschwindigkeit und der Ablauf der Eintiefung ermittelt werden. Terrassen entstehen überwiegend in klimatisch kühleren Phasen mit verringerter Erosion und verstärkter Akkumulation. In vergletscherten Gebieten wie dem Südschwarzwald werden diese Terrassen meist zeitgleich mit den ebenfalls an kältere Abschnitte gebundenen Rückzugshalten der Gletscher gebildet. Somit kann über die bekannten Alter der Eisrandlagen auch auf das Alter der Terrassen geschlossen werden, besonders derjenigen, die morphologisch mit Eisrandlagen korrelierbar sind. Im Wutachgebiet trifft

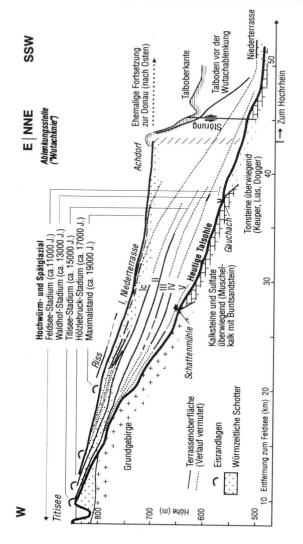

Abb. 27 Längsprofil des Wutachtales zwischen dem Titisee und Grimmelshofen. In das Profil sind die älteren Rückzugsstadien des Feldberggletschers im Würmglazial und die verschiedenen Eintiefungsstadien nach der Wutachablenkung eingezeichnet.

dies zu für die Niederterrasse, die mit dem äußersten würmeiszeitlichen Rand des Feldberggletschers verknüpft werden kann, und die Terrasse, die vom Titisee-Stand des Feldberggletschers ausgeht (Titisee-Stadium, Abb. 25).

Terrassen, die jünger sind als das Titisee-Stadium, können aufgrund der nivellierenden Funktion des See-Beckens nicht mit Rückzugshalten verbunden werden. Bei diesen Terrassen kann man aber annehmen, daß sie aufgrund der Bindung an kaltes Klima zeitgleich mit den jüngeren Rückzugshalten entstanden sind. Die somit mögliche Datierung der Einschneidungsniveaus gibt Auskunft über die Geschwindigkeit der Tieferlegung der Wutach nach der Flußablenkung (Abb. 27). Demnach war die Schlucht vor etwa 15.000 Jahren schon zur Hälfte eingeschnitten, und am Anfang des Holozän (ca. 11.000 Jahre vor heute) war die heutige Talsohle schon erreicht. Kalktuffe, die in der Muschelkalkschlucht an verschiedenen Stellen dicht über dem Talboden liegen und zum Teil Alter von 10.000 – 1.000 Jahre haben, belegen ebenso, daß die Tiefene-

Abb. 28 Der Übergang von der Talaue zu der Terrasse aus würmzeitlichen Schottern (Niederterrasse) im Wutachtal südlich des Wutachknies bei Stühlingen (Schweizer Seite). Die Schotter enthalten Material aus dem Schwarzwald und belegen somit, daß die Ablenkung der Donau-Wutach zum Hochrhein spätestens im Würm-Hochglazial stattgefunden hat. Der Vergleich des Niederterrassenniveaus bei Stühlingen mit der Lage des ebenfalls würmzeitlichen, nur geringfügig älteren Talbodens bei Blumberg (Abb. 35) veranschaulicht den gewaltigen Erosionsbetrag nach der Wutachablenkung.

rosion im ausgehenden Würm-Spätglazial weitgehend abgeschlossen war. Die Eintiefung der Schlucht dauerte demnach nur etwa 10.000 Jahre. Daraus errechnen sich mittlere Eintiefungsgeschwindigkeiten von 11 m/1000 Jahre an der Schattenmühle und bis 20 m/1000 Jahre am Wutachknie. Bei der Einschneidung der Schlucht wurde in kurzer Zeit ein gewaltiges Volumen von 2,5 km^3 Gestein ausgeräumt und abgeführt (über 60.000.000 Güterwagen). Auf das Wutach-Haupttal fällt dabei ein Gesteinsvolumen von ca. 2,1 km^3, der Rest stammt aus den Nebentälern.

Hangprozesse und geomorphologische Ereignisse im Holozän

Eine Folge der tiefen und schnellen Talausräumung nach der Wutachablenkung sind die hohen, übersteilten Talränder, die den landschaftlichen Reiz der Wutachschlucht und ihrer Nebentäler ausmachen. Bis heute hat sich kein stabiles Gleichgewicht zwischen der Böschungshöhe und -neigung eingestellt, weshalb die Hänge und Felsböschungen auch gegenwärtig noch extrem labil sind. Entsprechend häufig treten auch in jüngster Zeit noch Rutschungen auf, besonders in den instabilen Tonsteinen im Bereich des Wutachknies um Achdorf und in den hier einmündenden Nebentälern (Krottenbach, Aubach, Schleifebächle, siehe z.B. Eichberg-Rutsch, Beobachtungspunkt 20). Neben kurzzeitigen Rutschereignissen findet hier auch langsames Bodenfließen statt. Die ebenfalls in den Tonstein-Gebieten häufig anzutreffenden Kegelbucks sind vermutlich noch im Würm-Spätglazial bald nach der Wutachablenkung abgeglittene und verlagerte Schollen aus Tonstein (Großrutschungen), die von der Erosion zu den markanten kegelförmigen Erhebungen umgeformt wurden (Abb. 29). Neben dem instabilen Gestein ist hier auch die große Höhe der Böschungen im Bereich der tiefsten Einschneidung ursächlich für die Rutschungen.

In den kompakten Festgesteinen (vor allem im Muschelkalk) haben sich durch die Gebirgsentlastung an den jungen Talhängen Entlastungsklüfte gebildet, die parallel zu den Böschungen verlaufen. Sie begünstigen das Ablösen großer Felsschollen aus ihrem ursprünglichen Verband, wie es vor allem im Oberen Muschelkalk vielerorts zu beobachten ist. An vielen Stellen fallen in der Schlucht große Felstürme auf, die auf ihrer wenig standfesten Unterlage, die der Mittlere Muschelkalk mit seinen Sulfatgesteinen und Dolomiten bietet, abgeglitten sind und nun freistehend – meist auch verkippt – aus dem Hangschutt herausragen. Besonders häufig ist dies in den Wutachflühen zu beobachten (Beobachtungspunkt 25, Abb. 43), aber stellenweise auch in der Wutachschlucht zwischen Reiselfingen und der Einmündung der Gauchach in die Wutach, z.B. bei den markanten Felstürmen unmittelbar nördlich des Wanderweges zwischen der neuen Dietfurt-Brücke und dem ehemaligen Badhof Boll (rechte Talseite).

Einen bedeutenden Einfluß auf die Morphologie des tieferen Talbereiches haben auch extreme Hochwässer, indem sie Abflußrinnen verlagern, Hänge unterspülen, von Nebentälern her Schuttfächer vorbausen (z.B. an dem Tobel „Gaisloch" südlich Reiselfingen) und außerdem Bauten und Ortschaften in Mitleidenschaft ziehen. Bei historischen Hochwasserereignissen wurden zahlreiche Brücken, Wegabschnitte, Gebäude (häufig Mühlen) und auch landwirtschaftlich genutzte Flächen im Bereich der Talauen zerstört. Von den Jahren 1758 (24. Oktober), 1778, 1792 (8. Mai) z.B. werden solche Katastrophen beschrieben. An die Zerstörung der Moggeren-Mühle (ca. 2 km talabwärts von Achdorf) im Jahre 1893 durch ein Hochwasser erinnern ein Mühlstein und eine Tafel an

Abb. 29 Sogenannter „Kegelbuck" (Spitzenbühl) bei der Jungviehweide zwischen Aselfingen und Mundelfingen (Beobachtungspunkt 19).

dem Wanderweg östlich der Wutach in Richtung Wutachflühen. Am 15. Mai 1924 stand ganz Aselfingen unter Wasser, nachdem in Folge eines Gewitters vom Aubach her eine Flutwelle mit Schlamm und Geröll auf die Ortschaft traf und dabei auch Häuser zerstörte (WILLIMSKI 1978). Das letzte große Hochwasser ereignete sich im Februar 1990 (13. – 16.2.), als nach einem Temperaturanstieg, verbunden mit starkem Regen, die Schmelzwässer des Schwarzwaldes zusammen mit Niederschlagswasser durch die Wutach abflossen (Jahrhundertereignis). Dabei erreichte der Abfluß der Wutach Werte, die mit 176 m^3/s mehr als 20-fach höher waren als der mittlere Abfluß von knapp 9 m^3/s (Werte für Pegel Eberfingen, BAUER 1993).

Literatur

BAUER 1993, EINSELE & RICKEN 1993, ERB 1937, FRENZEL et al. 1992, HEBESTREIT 1995, HEBESTREIT et al. 1993, GEYER & GWINNER 1991, HOFMANN 1977, 1994, JORDAN 1993, KASPAR, E. 1999, LANG et al. 1982, LIEHL 1982, MANZ 1934, MEINIG 1966, MÄUSSNEST & SCHREINER 1982, PAUL 1971 b, PESCHKE 1991, PFLUG 1982, SAUER et al. 1971, SCHILL 1856, SCHREINER 1965, 1966, 1986, 1991, STEINMANN 1902, TANGERMANN 1971, THOME 1998, VILLINGER 1998, WAGNER 1929, WILLIMSKI 1978, WIMMENAUER 1982, WESTPHAL 1989.

8 Beobachtungspunkte

Die im folgenden erläuterten Beobachtungspunkte sind eine Auswahl an Aufschlüssen, Geländeformen oder Aussichtspunkten, die geeignet sind, einen möglichst breiten und anschaulichen Überblick über die erdgeschichtliche Entwicklung der Wutachregion zu geben. Es wurden vor allem solche Punkte ausgewählt, die längere Zeit Bestand haben und gut zugänglich an den Hauptwegen liegen. Anhand der Lageskizzen und Ortsbeschreibungen dürften sie in den meisten Fällen gut auffindbar sein. Trotzdem ist eine Wanderkarte des Maßstabs 1:50.000 zur Orientierung sicher hilfreich. Die Beobachtungspunkte sind durchlaufend numeriert. In den Überschriften der jeweiligen Beschreibung ist auch die Abbildungsnummer der Übersichtkarte angegeben (Abb. 42, 43, 44), auf der die einzelnen Punkte zu finden sind.

B 1 Gipskeuper-Wand am Posthaus bei Döggingen (Karte 1, Abb. 42)

Die etwa 15 m hohe Wand zeigt eine alternierende Folge aus rötlichen Mergeln mit Tonsteinen und einigen hellen Sulfatbänken (Gips, Anhydrit). Es sind Ablagerungen eines flachen, episodisch überfluteten Beckens. Bei höheren Wasserständen entstanden Tonsteine und Mergel. Wenn sich die Konzentration durch Eindampfung erhöhte, wurden Dolomite ausgeschieden, und in einem späteren Stadium die leicht löslichen Sulfate. Ein weiterer großer Gipskeuper-Aufschluß ist der aufgelassene Steinbruch einige hundert Meter weiter südlich. Er ist schlecht zugänglich, doch auch aus der Ferne ist der typische Aufbau des Gipskeupers mit den grauen und bunt gefärbten Mergeln zu erkennen. Im unteren Bereich des Bruch-Wände liegen die mächtigen Sulfatlager (Grundgips).

B 2 Roßhag bei Göschweiler, Doline, Höhenschotter (Karte 1, Abb 42)

Von der Straße von Göschweiler nach Löffingen zweigt etwa 1 km hinter Göschweiler ein Feldweg nach rechts ab (kleines Holz-Hinweisschild „Doline"). Am höchsten Punkt der Kuppe (902 m) liegt neben einer Baumgruppe der eingezäunte Roßhag-Schacht, eine eindrucksvolle Doline, die im Januar 1954 eingebrochen ist. Sie hatte bei ihrer Entstehung eine Tiefe von

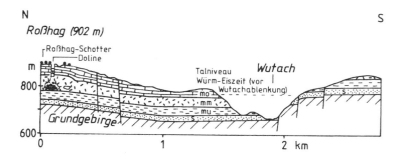

Abb. 30 Schematisches geologisches Profil zwischen dem Roßhag und der Wutachschlucht (zweifach überhöht).

fast 40 m. Durch Nachbruch wurde der Boden einige Meter erhöht. Die Doline entstand beim Einbruch der Decke eines Hohlraumes, der sich vom Mittleren Muschelkalk aus bis zur Geländeoberfläche durchgepaust hat. Im Mittleren Muschelkalk haben die leicht löslichen Sulfatgesteine Gips und Anhydrit eine große Mächtigkeit, weshalb sich dort ausgedehnte Hohlräume entwickeln können (Abb. 30). Die Dolinenwand besteht im oberen Abschnitt aus dem rötlichen *Trigonodus*-Dolomit und darunter aus dem dünner gebankten Plattenkalken (mo_2, Muschelkalk-Profil siehe Abb. 12). Die Wände des Schachtes sind an Kluftflächen gebunden. Unmittelbar neben dem Roßhag-Schacht liegt eine ältere Doline, ebenfalls sehr große Doline, deren Böschungen schon trichterförmig abgeflacht und von größeren Bäumen bewachsen sind.

Auf den Feldern der Dolinen-Umgebung fallen Gerölle mit zum Teil großen Durchmessern auf (Abb. 31). Es sind Reste einer Flußablagerung, die auch an anderen Stellen in der Umgebung von Göschweiler verbreitet sind. Sie liegen im Niveau der Eichbergschotter und werden als Überreste der Feldberg-Donau (Abschnitt 7.1.3) aufgefaßt, die in der Umgebung des heutigen Blumberg in die Aare-Donau einmündete. Die Gerölle bestehen überwiegend aus Buntsandstein, vermutlich enthielten die Schotter aber auch einen hohen Kristallin-Anteil. In den langen Zeiträumen seit der Ablagerung sind die instabilen Grundgebirgskomponenten zerfallen und nur anhand des Bodenaufbaus nachzuweisen. Vom Roßhag aus blickt man nach Süden auf das Zentrum des Bonndorfer Grabens mit der Wutachschlucht und nach Westen zum Feldberg. An der südlich des Roßhags etwa 140 m tiefer liegenden Oberkante der Wutachschlucht stehen dieselben Gesteine an wie am Roßhag-Schacht (Oberer Muschelkalk), woraus der hohe Schicht-Versatz im Bonndorfer Graben (Abschn. 4, Abb. 4) ersichtlich wird.

Abb. 31 Die Roßhag-Schotter bei Göschweiler sind vermutlich pliozäne Ablagerungen der Feldberg-Donau (Donau-Wutach). Im Hintergrund als schneebedeckte Kuppe der Feldberg.

B 3 Niederterrasse der Gauchach
(Karte 1, Abb. 42)

Die auffallenden Ebenen nördlich und südlich des Tränkebaches sind die Oberfläche der Gauchach-Niederterrasse, die hier kurz vor der ehemaligen Einmündung in die würmzeitliche Feldberg-Donau besonders breit entwickelt ist. Im Gegensatz zu den Niederterrassenschottern der Wutach, die vor allem aus Kristallin-Geröllen bestehen, überwiegen in den Niederterrassenschottern der Gauchach (Abschn. 7.2.3) Muschelkalk- und Buntsandstein-Gerölle.

B 4 Kiesabbau Großwald, Niederterrassenschotter und Dolinenfeld
(Karte 1, Abb 42)

Zwischen Reiselfingen und Bachheim bilden die würmeiszeitlichen Schotter der Feldberg-Donau (Abschn. 7.2.3) eine weite, zusammenhängende Fläche (Niederterrasse), die hier in einer Höhe um 740 m liegt und sich damit etwa 100 m über der Sohle des unmittelbar südlich liegenden Wutachtales befindet. Diese Höhendifferenz veranschaulicht den hohen Betrag, um den die Wutachschlucht nach der Wutachablenkung in diesem Talabschnitt eingetieft wurde. Am Ostrand des Segelflugplatzes beginnt ein Kiesabbaugebiet, dessen Abbauwände den Aufbau der Schotter aus dem Würm-Glazial erschließen (betreten nur mit Erlaubnis der Firma Wintermantel). Die Schotter haben eine Mächtigkeit von bis zu 25 m und zeigen eine Zweiteilung, die auf klimatisch bedingte Einschnitte der Sedimentation während der Würm-Eiszeit zurückgeht. Etwa 7 m unter der Oberfläche der Niederterrasse befindet sich hier eine meist deutliche Lage mit groben Geröllen, die während einer auf etwa 28.000 – 30.000 Jahre datierten Erosionsphase entstanden ist (Abb. 26, Denekamp-Interstadial). Lehmzwischenlagen, die in früheren Abbaustadien an diesem Horizont angeschnitten wurden, lieferten Reste von Mammut und Wollnashorn, die heute im Löffinger Heimatmuseum ausgestellt sind.

In dem Waldgebiet südlich des Kiesabbaus liegt ein ausgedehntes Dolinenfeld. Die bis 3 m tiefen, trichterförmigen Senken entstanden durch Einbrüche von Lösungshohlräumen, die in den unteren Bereichen des Gipskeupers (Grundgips, Abschn. 6.1.3) ausgelaugt wurden.

B 5 Lotenbachklamm
(Karte 1, Abb. 42)

Die kurze, aber reizvolle Lotenbachklamm wurde in Paragneise (S. 29) und in den Lenzkirch-Steina-Granit (S. 31) eingeschnitten, der zur älteren (deformierten) Generation der Schwarzwald-Granite gehört (Abschn. 5.2). Besonders auffallend sind hier im Lenzkirch-Steina-Granit die zahlreichen großwüchsigen Kalifeldspat-Kristalle (Blasten). In den Wänden neben dem Pfad treten auch zahlreiche, meist N-S-streichende Störungen und Ruschelzonen auf. Eine Ruschelzone ist gekennzeichnet durch schmale Bereiche, in denen das Gestein zerschert und dabei in unterschiedlich große Trümmer zerbrochen wurde („Gesteinszerreibsel"). Der Einstieg in die Lotenbachklamm liegt am Wanderparkplatz an der Schattenmühle oder – von oben kommend – an der Abzweigung Bonndorf – Gündelwangen.

B 6 Buntsandstein
(Karte 1, Abb. 42)

Direkt am Hauptwanderweg ca. 500 m talabwärts der Schattenmühle erheben sich bis zu 7 m hohe Wände aus Buntsandstein (Abschn. 6.1.1) mit gebleichten, fossilen Bodenhorizonten. Gegenüber dem umgebenden Gestein sind die Bodenzonen erheblich weicher und erzeugen deshalb 1 – 2 m hohe Hohlkehlen. Häufig zeigen die harten, kompakten Bänke des Buntsandsteins eine Schrägschichtung (S. 36), die durch episodische Anlagerung von Sand an der stromabwärts gewandten Seite von Sandbänken (Barren und Rippeln) erzeugt wurde. Zeitweise fiel die Flußebene trocken und wurde bodenbildenden Prozessen ausgesetzt. So stiegen mineralisierte Bodenlösungen auf, aus denen kalkige Krusten (Caliche) und kieselige Konkretionen ausgeschieden wurden.

B 7 Felssporn bei Talmäander, Buntsandstein
(Karte 1, Abb. 42)

An dem nach Süden vorspringenden Talmäander der Wutach bildet der harte Buntsandstein (Aufbau siehe Abschn. 6.1.1) einen etwa 4 m hohen Sporn mit dem Bodenhorizont-2 (VH-2, Karneolhorizont), der durch eine Hohlkehle mit kieseligen Konkretionen (Karneol) charakterisiert ist. Die Schrägschichtung in den Sandsteinbänken ist hier an der etwas älteren Böschung deutlich herausgewittert. Weiter talabwärts verläuft der Wanderweg über einen kurzen Abschnitt im Ausstrich der Röttone, die den obersten Bereich des Buntsandsteins aufbauen. Dieser Bereich ist gekennzeichnet durch rote, schwere Böden und häufige Rutschungen an der Talflanke.

B 8 Alte Dietfurt, Unterer und Mittlerer Muschelkalk
(Karte 1, Abb. 42)

Die Alte Dietfurt war bis Ende des vorigen Jahrhunderts die wichtigste Nord-Süd-Verbindung über die Wutach. Heute sind am Standort der ehemaligen Brücke nur noch die überwachsenen Ruinen einer Gipsmühle und eines Gasthauses zu sehen. Am Wutach-Prallhang unterhalb des Weges und am Wegrand ist hier der mittlere und höhere Bereich des Unteren Muschelkalks aufgeschlossen. Der Wutach-Prallhang ist aufgebaut aus gleichförmig dünngebankten Mergeln mit einigen Kalkbänken, die dem Wellenkalk (Unterer

Muschelkalk, mu_2) angehören (Abschn. 6.1.2, Abb. 32). Im höheren Profilabschnitt (neben dem Weg) treten einige Kalkbänke hervor, die schon zum mu_3 gehören. Bei genauer Betrachtung zeigen manche Bänke interne Strukturen wie Gradierung und Schrägschichtung. Es handelt sich um bei Sturmereignissen in kurzer Zeit gebildete Sedimentlagen.

Auf Höhe der Ruinen führt ein Pfad den Hang hinauf zu einer Wand, an der die unteren Bereiche des Mittleren Muschelkalks mit Gips und Anhydrit aufgeschlossen sind.

Abb. 32 Unterer Muschelkalk an der ehemaligen Dietfurt.

B 9 Ehemaliger Badhof Boll, Übergang Mittlerer Muschelkalk – Hauptmuschelkalk (Karte 1, Abb. 42)

Bad Boll verdankt seine Entwicklung einer kohlensäurehaltige Mineralquelle, die hier aus dem Mittleren Muschelkalk austritt und mit gelösten Bestandteilen des Oberen und vor allem Mittleren Muschelkalks angereichert ist (insgesamt 3,5 g/l, darunter 1,6 g/l $CaSO_4$ und 1,3 g/l NaCl). Schon um 1600 war hier eine Badeinrichtung vorhanden, doch erst seit dem Bau der Kurgebäude 1840 wurde Bad Boll bis in das erste Jahrzehnt dieses Jahrhunderts hinein zur Therapie verschiedener Leiden, vor allem von Hautkrankheiten und Rheuma, aber auch zur Erholung häufig besucht. Die Wutach galt bis zum Bau der Papierfabrik in Titisee-Neustadt als europäisches Fischgewässer erster Güte, weshalb Bad Boll seiner Spätphase von einem britischen Angel-Verein („Bad Boll Fishing Club Limited London") geführt wurde. Mitte der 90er Jahre wurden die verbliebenen, zuletzt noch als Kiosk und für Schullandheimaufenthalte genutzten Gebäude abgerissen, und heute ist nur noch die Kapelle erhalten.

Die hohen Felswände neben der sAllee talabwärts des Badhofs zeigen den Übergang vom abtauchenden Mittleren- zum Oberen Muschelkalk (Abschn. 6.1.2). Deutlich ist die scharfe Grenze zwischen den weichen Dolomiten des Mittleren Muschelkalks und den harten Kalken, die den Hauptmuschelkalk einleiten, zu sehen. Die Bänke an der Basis bestehen aus dem Liegenddolith. Nicht zu übersehen ist auch die Abschiebung unmittelbar neben dem Tannegger Bach mit einer Versatzhöhe um 3 – 4 m. Die rötliche Verfärbung an der Störungsbahn entstand durch die hohe Reibungswärme bei dem Versatz-Ereignis („Frittung"). Der Tannegger Bach, dessen Sohle noch nicht auf die Wutach eingestellt ist, stürzt hier über eine Muschelkalk-Stufe einige Meter hinab. Beim Auftreffen des mineralisierten Wassers auf die Oberfläche verändern sich Lösungsgleichgewichte im Wasser (Abnahme des CO_2-Gehalts), wodurch Kalkausscheidung einsetzt. Der Aufbau des imposanten Kalksinters am Tannegger Bach dürfte wohl schon einige tausend Jahre andauern (Wachstumsgeschwindigkeit in Größenordnungen von einigen mm/Jahr).

B 10 Felsengalerie, *Trigonodus*-Dolomit
(Karte 1, Abb. 42)

Einer der eindrucksvollsten Abschnitte des Wutachschlucht-Hauptweges ist die Felsengalerie etwa 2 km talabwärts von Bad Boll (Bezeichnung nach Wanderkarten der örtlichen Verkehrsvereine). Der Weg steigt hier etwa 40 m über die Talsohle hinauf und verläuft auf einem ebenen, künstlich erweiterten Felsband im Hauptmuschelkalk (Abschn. 6.1.2). Einige Meter über dem Felsband bilden rötliche und kompakte Dolomite des mo_3 (*Trigonodus*-Dolomit) einen dachartigen Überhang. Die Wand neben dem Felsband ist eine dünnbankige dolomitisierte Zone im Hauptmuschelkalk, die nach WURM et al. (1989) vermutlich dem Knauerhorizont 2 entspricht. Im Gegensatz zu den Kalken sind die Dolomite gelblich matt und weisen an der Oberfläche schon Anzeichen der Zersetzung auf. Dolomit ist aufgrund seiner höheren Porosität, die durch die Dolomitisierung hervorgerufen wird, meist weicher als Kalk. Wegen ihrer meist hohen Porosität sind Dolomite in einigen Gebieten als Erdöl- und Erdgas-Speichergesteine wirtschaftlich bedeutsam.

B 11 Wutach Prallhang, Oberer Muschelkalk, Flexur
(Karte 1, Abb. 42)

Der Aufschluß an dem langgezogenen Wutach-Prallhang zeigt den unteren Abschnitt des Hauptmuschelkalks und die nach Osten abtauchende Grenze zum Mittleren Muschelkalk (Abschn. 6.1.2). Am talaufwärtigen Beginn der Felswand liegt eine Störung (Versatz um 2 m), in der Mitte eine auffallende Flexur.

B 12 Rümmelesteg, Oberer Muschelkalk und Wutachversickerung
(Karte 1, Abb. 42)

Der Rümmelesteg ist eine heute nicht mehr begehbare und größtenteils demontierte Stahl-Hängebrücke, die etwa 70 m talaufwärts durch eine Holzkonstruktion ersetzt wurde Die fast 40 m hohe Felswand am Rümmelesteg erschließt den größten Teil des Hauptmuschelkalks (Abb. 13, siehe auch Abschn. 6.1.2). Das Profil beginnt in den Trochitenschichten und erstreckt sich bis in den *Trigonodus*-Dolomit, der die oberste rötliche Zone der Felswand bildet. Im Unterschied zu dem 2 km talabwärts an der Einmündung der Gauchach in die Wutach liegenden Aufschluß scheint der Dögginger Oolith hier zu fehlen oder nur geringmächtig entwickelt zu sein. Dort bildet er eine etwa 4 m mächtige kompakte Bank (Karte 1, Nr. 16, Abb. 34). Am Wandfuß liegt im Bereich der auffallenden Unterhöhlung eine markante Schalentrümmerbank (ca. 0,7 m mächtig), die den Aufbau eines Tempestites (durch Wasserumwälzungen bei einem Sturm erzeugte Sedimentabfolge mit charakteristischem Aufbau) exemplarisch zeigt. Die Bank liegt im Niveau des höheren Normalwasserstandes, weshalb die Oberfläche ankorrodiert ist und innere Strukturen hier deutlicher als üblich hervortreten. Sie ist nur bei völlig versickerter Wutach aus der Nähe zu betrachten (Vorsicht, evtl. Steinschlag!). Der untere Bereich ist laminiert (hohe Strömungsenergie), darüber folgt zum Teil gradierter Schill mit Trochiten und nahe der Bankoberfläche befinden sich Spuren von Bodenbewohnern (Bioturbation).

Etwa 150 m talaufwärts der Holzbrücke (Hauptversickerung) und bei Normalabfluß auch unter der oben beschriebenen Felswand versickert die Wutach teilweise oder bei Niedrigwasser auch vollständig in den Untergrund (Wutachversickerung). Nach etwa 2 km Fließstrecke im verkarsteten Muschelkalk tritt das Wasser aus offenen Spalten wieder in die Wutach aus (Austritt der Wutach, Beobachtungspunkt 14).

B 13 Prallhang der Wutach, Oberer Muschelkalk
(Karte 1, Abb. 42)

Am Prallhang der engen Talbiegung ist der Obere Muschelkalk ebenfalls hervorragend aufgeschlossen. Der Profilausschnitt ist ähnlich wie an der Wand am Rümmelesteg (Beobachtungspunkt 12). Der Trigonodus-Dolomit bildet hier einen turmartigen Aufbau über den Plattenkalken (mo_2).

B 14 Wutach-Austritt, Rippelmarken
(Karte 1, Abb. 42)

Der auf einer Muschelkalk-Bank verlaufende Wanderweg quert mehrere Felsspalten, aus denen das knapp 2 km flußaufwärts (Hauptversickerung ca. 300 m talaufwärts des Rümmele-Steges, Beobachtungspunkt 12) in den Untergrund eintretende Wasser (Wutachversickerung) über kleine Muschelkalk-Stufen wieder in die Wutach fließt. Die Quellaustritte sind gebunden an unterirdische Karstwasserwege, die durch eine korrosive Erweiterung (Kalklösung) vorgegebener Gesteinsklüfte entstanden sind. Haben sich erst einmal unterirdische Karstwasserwege entwickelt, werden diese mit zunehmender Größe und steigendem Wasserdurchsatz auch immer schneller vergrößert.

Abb. 33 Regelmäßige Rippelmarken an der Oberfläche einer Muschelkalk-Bank auf dem Wutachschlucht-Hauptwanderweg (Beobachtungspunkt 14).

Bemerkenswert sind an dieser Stelle auch die Oszillationsrippeln auf der Weg-Oberfläche (Abb. 33). Die symmetrischen Rippelkämme verlaufen quer zum Weg (etwa Ost-West) in Abständen von 30–60 cm. Rippelmarken entstehen auf dem Gewässergrund durch eine Umlagerung des Bodensediments. Die Ursache der Sedimentumlagerung sind Strömungen am Meeresboden oder Oberflächenwellen, die auch noch in größeren Wassertiefen Oszillationsbewegungen des Wasser bewirken können.

B 15 Gauchach-Einmündung, Dögginger Oolith (Karte 1, Abb. 42)

An der Einmündung der Gauchach in die Wutach ist der mittlere Teil des Hauptmuschelkalkes (Abschn. 6.1.2) erschlossen. Hier fällt besonders eine kompakte, 4 m mächtige, rötliche Zone auf, die auf der rechten Talseite einen auffallenden Sporn bildet und am Talhang gegenüber neben dem Wanderweg nach Osten abtaucht (Abb. 34). Es handelt sich hierbei um den nur wenige 100 m talaufwärts noch fehlenden Dögginger Oolith. Bei genauer Betrach-

Abb. 34 Der an der Einmündung der Gauchach in die Wutach etwa 4 m mächtige Dögginger Oolith tritt als kompakte Zone hervor. Im Anschliff (Detailfoto, Maßstab 2 mm) ist der oolithische Aufbau des Gesteins erkennbar.

tung des Gesteins mit der Lupe sind die kleinen Ooide zu erkennen, die neben Schalenfragmenten der Hauptbestandteil des Gesteins sind. Durch Umkristallisation sind die Umrisse der Komponenten in dem dolomitisierten Gestein etwas undeutlich. Unmittelbar über dem Dögginger Oolith befindet sich der Knauerhorizont 3, der durch eine unregelmäßige Schichtung gekennzeichnet ist. Dieser Aufschluß zeigt auch das flexurartige Abtauchen der Schichten zwischen der Gauchach-Einmündung und der Wutachmühle.Unmittelbar östlich der Wutachmühle streichen deshalb die jüngeren Keuper- und Jura- Gesteine aus.

B 16 Unterster Lias zwischen Aselfingen und der Wutachmühle, Lias α_3
(Karte 1, Abb. 42)

Der Lias α_3 (Arietenkalk) ist etwa 800 m talaufwärts von Aselfingen neben der Wutachtalstraße angeschnitten (kleine Parkmöglichkeit). An der nördlichen Talflanke treten hier an kleinen Böschungen dicke Bänke des Lias α_3 hervor (Abschn. 6.2.1). Besonders im östlichen Teil des Aufschlusses sind mehrere linksdrehende Verwerfungen mit Horizontalversatz (Blattverschiebungen) vorhanden, die etwa N-S orientiert sind. Der hier zu beobachtende Versatzsinn ist auch an zahlreichen anderen, N-S-verlaufenden Horizontalverschiebungen im Wutachgebiet zu beobachten. Er ist zurückzuführen auf das Spannungsfeld in Südwestdeutschland, dessen Hauptspannung (Kompression) in der jüngeren Erdgeschichte (auch heute noch) etwa NW-SE gerichtet war. Die Störungsflächen zeigen deutlich entwickelte Harnische, d.h. eine Striemung mit Politur sowie meist auch treppenartige Stufen, die den Bewegungssinn anzeigen.

B 17 Wanderweg Aselfingen – Mundelfingen, Lias, *Opalinus*-Ton und Großrutschung, „Kegelbuck"
(Karte 1, Abb. 42)

Vom Wanderweg aus (Rundwanderweg 6) ist gut ein Lias-Profil (vgl. Abschn. 6.2.1) an der nach Osten exponierten Flanke des Aubach-Tales einzusehen. Der beste Blick bietet sich dort, wo der Weg am höchsten Punkt des Rückens verflacht. Deutlich ist der Übergang vom Oberen Lias zum *Opalinus*-Ton (unterster Dogger). Der Lias ζ hebt sich durch knollige Lagen vom feingeschichteten Lias ϵ ab und geht über in den einförmigen *Opalinus*-Ton (Dogger α) aus dunklem Tonstein (Abschn. 6.2.2, Abb. 16).

Kurz bevor der Wanderweg in den Wald eintritt, liegen etwa 200 m rechts des Weges einige der in diesem Gebiet zahlreichen „Kegelbucks". Bei Großrutschungen wurden große Schollen aus Dogger-Tonstein aus ihrem ursprünglichen Gesteinsverbund gelöst und verlagert. Schließlich haben Erosionsprozesse die freigestellten Schollen zu den heute vorliegenden, kegelförmigen Erhebungen geformt (Abschn. 7.2.3).

B 18 Aubach-Tal, Unterer Lias (Lias α)
(Karte 1, Abb. 42)

Der obere Beginn des Aubachs zeigt eindrucksvoll die Erweiterung eines Tales durch rückschreitende Erosion. Der Aubach baut sich hier kontinuierlich in die flach gewellte Hochfläche südlich von Mundelfingen vor, die von Lias-Gesteinen gebildet wird. An dem Wasserfall sind die tonigen Schichten des Lias α_1 und Lias α_2 mit kalkigen Zwischenbänken und der *angulatus*-Bank erschlossen (Abschn. 6.2.1). Den oberen Bereich bilden die kompakten und harten Kalke des Lias α_3, die hier als Stufenbildner hervortreten und das Wasser stauen. Der Lias α liegt hier am Beginn des Aubachs in einer Höhe um 690 m und damit fast 150 m höher als bei Aselfingen, wo der Weg in der Wutachschlucht beginnt. Der Höhenunterschied zeigt die große Sprunghöhe, mit der die Schichten im Bonndorfer Graben (Abschn. 4) durch Versätze und Verkippung hier tiefergelegt werden. Eine größere Störung ist entlang des Weges aber nicht aufgeschlossen. An zahlreichen Stellen talabwärts ist der Lias α_3 und zum Teil auch der Lias α_2 neben dem Weg aufgeschlossen. Im Gebiet des Aubachs ist wie in den meisten Abschnitten der Wutach das Verlassen der Wege sowie das Sammeln von Fossilien ausdrücklich verboten.

B 19 Jungviehweide, Großrutschungen („Kegelbucks")
(Karte 1, Abb. 42)

Die Jungviehweide liegt in einem aufgeweiteten Nebental des Aubach-Tales. Hier befinden sich zahlreiche der kegelförmigen Erhebungen, die im Wutachgebiet an Talhängen aus *Opalinus*-Ton häufig auftreten. Vermutlich handelt es sich um modifizierte Großrutschungen (siehe auch Beobachtungspunkt 17 und Abschn. 7.2.3).

B 20 Eichberg-Rutsch, Mittlerer Dogger
(Karte 2, Abb. 43)

Am Hangfuß unterhalb des Eichberggipfels liegt der Abriß der großen Rutschung vom 6. Januar 1966. Durch Gleitungen im *Opalinus*-Ton (Dogger α, Abschn. 6.2.2) und im Hangschutt sowie durch Stauchungen mit örtlichen Aufwölbungen wurde damals im Krottenbachtal eine Fläche von ca. 50 Hektar in ein von Bruchschollen zergliedertes, welliges Gebiet gewandelt und mehrere Wege sowie die Straße Achdorf–Hausen auf einer Strecke von 1,5 km zerstört (TANGERMANN 1971). Die Hangbewegungen dauerten 3 Tage an. An dem ehemaligen Abriß sind über eine Mächtigkeit von etwa 25 Metern der Dogger β und Teile des Dogger γ erschlossen.

B 21 Eichberg, Aussichtspunkt, Eichberg-Schotter
(Karte 2, Abb. 43)

Den Gipfel des Eichbergs (Eichberg-Stutz) erreicht man von Riedböhringen aus (Wanderparkplatz bei der Jeiss-Hütte), oder über mehrere Wege aus Blumberg, dessen westlichster mit dem Steig von Achdorf zusammentrifft. Der Eichberg-Stutz ermöglich den besten Blick nach Westen auf die Wutachschlucht und den Feldberg im Hintergrund. Die auffallende Talerweiterung am Wutachknie mit den flachen, welligen Rutschhängen vor allem südlich von Achdorf liegt an den rutschfreudigen Keuper- und vor allem Jura-Tonsteinen (Abschn. 6.1.3, 6.2.2) die hier im zentralen Bonndorfer Graben (- Abschn. 4) aufgrund des ostwärtigen Schichtabtauchens anstehen. Deutlich ist die beginnende Talverengung und der mäandrierende Talverlauf oberhalb der Wutachmühle, wo sich die Wutach in den Muschelkalk (Abschn. 6.1.2) eingeschnitten hat. Vom Eichberg aus sind auch die an die Taloberkanten anschließenden Aufschotterungsebenen der würmzeitlichen Feldberg-Donau bzw. Donau-Wutach (Niederterrasse, Abschn. 7.2.3) zu sehen, z.B. südlich von Mundelfingen (Hardt). Ihr Höhenunterschied gegenüber der heutigen Talsohle verdeutlicht den hohen Betrag der Taleinschneidung seit der Wutachablenkung am Höhepunkt der Würmeiszeit (vor etwa 20.000 Jahren, S. 82).

B 22 Buchberg, Aussicht, Weißjura β
(Karte 2, Abb. 43)

Der Buchberg bietet einen ähnlichen Blick wie der Eichberg (Beobachtungspunkt 21) auf das Wutachtal mit dem Feldberg im Hintergrund. Der kürzeste Zugang von Blumberg beginnt am Friedhof (Parkmöglichkeit; zunächst Forstweg nach Westen, nach ca. 200 m zweigt links ein kleiner, markierter Weg zum Buchberg ab). Unter der Gipfel-Fläche steht der Malm β (Abschn. 6.2.3) an. Im Süden liegen die tief eingeschnittenen Wutachflühen. Die Malm-Schichtstufe des Randen erhebt sich steil über die vorgelagerte wellige Fläche aus Keuper (Abschn. 6.1.3) und dem Schwarzen und Braunen Jura (Abschnitte 6.2.1, 6.2.2). Ungefähr dort, wo im Wutachtal südlich des Wutachknies der eindrucksvoll schroffe Abschnitt mit den hohen Muschelkalk-Felsen einsetzt (Wutachflühen), verläuft die südliche Randstörung des Bonndorfer Grabens (Abschn. 17, Abb. 4). Sie versetzt hier die weicheren Keuper- und Juragesteine (flache Talhänge mit zahlreichen Rutschungen) im Grabenzentrum gegen den härteren Oberen Muschelkalk (südliche Scholle, Höhe des Versatzes um 80 – 90 m).

B 23 Hochfläche nördlich von Blumegg, Aussicht
(Karte 2, Abb. 43)

Die wellige Hochfläche nördlich von Blumegg ermöglicht von zahlreichen Stellen aus einen Blick auf das bei der Wutachablenkung geköpfte, heutige

Aitrach-Tal (Abb. 35). Die im Querschnitt horizontale Fläche des ehemaligen Talbodens der Feldberg-Donau (Donau-Wutach) zwischen dem Eichberg und dem Buchberg liegt an der Ablenkungsstelle etwa in 700 m Höhe und somit fast 180 m über dem Boden des Wutachtales bei Achdorf (siehe auch Tallängsprofil, Abb. 27). Dieser Höhenunterschied entspricht dem Betrag der Taleinschneidung zwischen der Wutachablenkung vor ca. 20.000 Jahren und dem Ende der Haupteintiefung vor etwa 10.000 Jahren. Etwa 1 km nördlich von Blumegg verläuft auf dem Höhenzug in NW-SO Richtung die südliche Hauptverwerfung des Bonndorfer Grabens (S. 17, Abb. 4). Sie versetzt den Lias gegen den Mittleren und Unteren Keuper (Versatzhöhe um 100 – 120 m, Störung erkennbar am Wechsel der Bodenbeschaffenheit und an Lesesteinen).

Abb. 35 Das Aitrach-Relikttal von der Hochfläche nordwestlich von Blumegg aus gesehen. Der Oberlauf des von der Feldberg-Donau (bzw. Donau-Wutach) ausgeräumten breiten Tales ging bei der Wutachablenkung vor etwa 20.000 Jahren verloren und fließt seitdem nicht mehr zur Donau, sondern in den Hochrhein bei Waldshut. Heute fließt im Aitrachtal nur noch ein verhältnismäßig kleiner Bach (Aitrach) zur Donau. Von Westen her hat sich der Schleifebach in die Jura-Gesteine (vor allem Dogger) an der steilen Stufe zwischen Achdorf und Blumberg eingeschnitten.

B 24 Blumegg, Aussicht auf die Wutachflühen
(Karte 2, Abb. 43)

Die imposanten Felsen an der gegenüberliegenden Talseite erschließen den gesamten Oberen Muschelkalk (Abschn. 6.1.2). Im südöstlichen Ortsbereich von Blumegg (Straße an Hangkante) ist eine Sicht auf die Felsen durch eine schmale, baumfreie Zone möglich. Die zwei auffälligen, kompakten Bänke im Oberen Wanddrittel bestehen nach PAUL (1971 a) aus Dögginger Oolith. In den meisten Muschelkalk-Aufschlüssen oberhalb des Wutachknies fehlt er. Erst an der Gauchach-Einmündung ist er als mächtige, kompakte Bank entwickelt (Abb. 34). Die Böschungsoberkante liegt an der Basis des Unteren Keupers. Der Übergang zu den verflachten Böschungen am Fuß der Felsgruppe befindet sich an der Grenze zum Mittleren Muschelkalk.

B 25 Wutachflühen, Oberer Muschelkalk, Hangzerreißungen
(Karte 2, Abb. 43)

An zahlreichen Stellen der Wutachschlucht treten im Grenzbereich zwischen dem Oberen und Mittleren Muschelkalk (Abschn. 6.1.2) Abrisse und Verlagerungen größerer Felsschollen aus Oberem Muschelkalk auf, besonders an den übersteilten Hängen der Wutachflühen. Die Felsen sind an tektonisch vorgegebenen oder durch die Hangentlastung gebildeten Klüften aus dem Verband gelöst worden und anschließend auf ihrer instabilen Unterlage, dem Mittleren Muschelkalk, abgeglitten. Einige der Blöcke sind auch verkippt.

B 26 Aufgelassener Steinbruch, Übergang vom Weißjura zur Oberen Meeresmolasse
(Karte 2, Abb. 43)

An dem an der Hangoberkante verlaufenden Wanderweg zwischen der Ortschaft Randen und dem Buchberg bzw. Zollhaus liegt 1,5 km nordwestlich von Randen ein aufgelassener Steinbruch, an dessen Wand die Auflagerung der Sandkalke (Obere Meeresmolasse, Abschn. 7.1.1) auf den Malm β (-Abschn. 6.2.3) aufgeschlossen ist (Abb. 36). Die Bruch-Oberkante liegt neben dem Weg dicht vor dem nach Epfenhofen verlaufenden kleinen Nebental in einer Höhe von etwa 740 m. Zum Bruch gelangt man über einen kleinen Pfad, der vom Hauptweg aus hinunter führt. Die Sandkalke liegen mit scharfer, ebener Grenze auf dem Malm und beginnen mit einer Lage aus Weißjura-Geröllen. Darauf folgen klastische, poröse Kalke mit zerbrochenen, umgelagerten Austern-Schalen und Schneckengehäusen. Sie stammen wohl aus einem küstennahen Flachwasser-Gebiet. Zu beachten sind auch die von Bohrmuscheln angebohrten Kalkgerölle.

Abb. 36 Auflagerung der Sandkalke (Obere Meeresmolasse) auf den Malm β bei Randen.

B 27 Travertin-Steinbruch bei Riedöschingen (Karte 2, Abb. 43)

Etwa einen Kilometer westlich von Riedöschungen liegt in einem Nebental des Aitrach-Tales ein aufgelassener Travertin-Steinbruch (Höhe ca. 760 m). Der Travertin ist rötlich gefärbt und unterscheidet sich durch seinen feinlagigen Aufbau (mm bis cm-Bereich) grundlegend von Kalktuffen, der anderen häufigen Kalkausscheidung an Süßwasser-Austritten. Die Kalklagen wurden aus einem dünnen Wasserfilm flächig übereinander ausgeschieden. Das Gestein zeigt mit zahlreichen Kavernen auch Verkarstungserscheinungen, an der östlichen Wand auch vertikale Spaltenzonen mit Kalkbelägen. Der Travertin gehört zum Komplex der Oberen Süßwassermolasse (Abschn. 7.1.4). Auf dem Gelände der näheren Umgebung, vor allem auf den Feldern südlich des Bruches, liegen verbreitet die Gerölle der Juranagelfluh (S. 67).

B 28 Blauer Stein, Olivin-Melilithit
(Karte 2, Abb. 43)

Der „Blaue Stein" (Abb. 17) ist ein freistehender, etwa 7 m hoher Basalt-Härtling (S. 60). Seine grobsäulige Absonderung entlang von Klüften entstand durch die Volumenabnahme bei der Abkühlung der Gesteinsschmelze. Es wird vermutet, daß der Felsen der Rest einer Basalt-Decke ist, die von einem nahen Schlot aus gefördert wurde. Petrographisch ist das Gestein ein Olivin-Nephelinit. Makroskopisch sind in der feinkristallinen, dunklen Grundmasse bis mm-große, grüne Olivin-Kristalle zu erkennen. In der Umgebung des Blauen Steins findet man leicht die Gerölle der Juranagelfluh (S. 67), die hier auch zahlreiche Buntsandstein- und Grundgebirgskomponenten enthält. Dieser Bereich der Schüttung muß deshalb aus einem späten Stadium stammen, als das Deckgebirge im Schwarzwald gebietsweise schon abgetragen war.

B 29 Räuberschlößle südwestlich von Göschweiler, Quarzporphyr
(Karte 3, Abb. 44)

Das sogenannte „Räuberschlößle" ist ein Porphyr-Härtling, der von der linken Talseite einen Vorsprung in die Wutachschlucht bildet. Es war der Standort einer im 14. Jahrhundert von den Herren von Blumegg gegründeten und im Bauernkrieg zerstörten Burg. Die Felsen bestehen aus dichtem, rötlichen Quarzporphyr, der vermutlich spätvariskisch entlang von Klüften in das Grundgebirge (hier vor allem Paragneis) eingedrungen ist. Das Gestein ist feinkristallin und enthält mm-große Quarz- und Feldspat-Einsprenglinge. Eisenhaltige Minerale (Hamatit und Eisenglanz) in der feinen Grundmasse verursachen die rote Gesteinsfarbe. Vom Räuberschlößle aus hat man einen eindrucksvollen Tiefblick in die Wutachschlucht und auf einen herauspräparierten Porhyrgang, der auf der Talseite gegenüber etwa in NW-SE-Richtung verläuft. Am Rand der beiden Wanderwege Richtung Schattenmühle liegen zahlreiche Felsen und abgerutschte Felsblöcke aus meist feinlagigem Paragneis (S. 29).

B 30 Gündelwangen, Terrassenabfolge
(Karte 3, Abb. 44)

Einige jüngere der verschiedenen Stadien der schrittweisen Wutacheinschneidung sind gut erhalten in dem Wiesengelände NNW von Gündelwangen (östlich des Reichenbaches). Insgesamt sind hier vier Niveaus entwickelt, als oberstes die aus dem Hochwürm stammende etwa 20.000 Jahre alte Niederterrasse (Abb. 37, Abschn. 7.2.3). Die unterste Terrasse vor der Talkante der Wutachschlucht liegt dicht über dem Terrassenniveau, welches mit dem Titisee-Rückzugshalt verbunden werden kann (ca. 14.500 Jahre alt, siehe auch Abb. 27). Auch in dem westlich anschließenden Waldgebiet sind solche Terrassenniveaus gut erhalten.

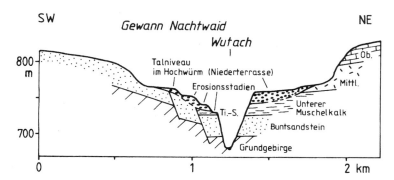

Abb. 37 Querprofil durch das Wutachtal bei Gündelwangen. Die hier im Buntsandstein und Grundgebirge noch erhaltene Terrassenabfolge zeichnet die unter klimatisch wechselhaften Bedingen schrittweise ablaufende Taleinschneidung nach, die tiefsten Terrassen sind also die jüngsten.

B 31 Jostal, Moränenwall beim Schottenhof, Würm-Maximalstand
(Karte 3, Abb. 44)

Im Jostal, das von Norden her im Bereich von Titisee-Neustadt in die Gutach einmündet, befinden sich auf Höhe des Schottenhofs auffallende Moränenwälle (Abschn. 7.2.2). Sie stammen aus der Phase der maximalen Eisausdehnung während der Würm-Eiszeit (Würm-Maximum, ca. 18.500 Jahre vor heute) und wurden vor einer Gletscherzunge angehäuft, die vom Hauptgletscher im Gutachtal aus in das Langenordnachtal vorgestoßen ist. Das Langenordnachtal wurde dadurch plombiert und der Abfluß des Nebentales vor dem Eisrand zu einem See aufgestaut (nachgewiesen durch Seesedimente).

B 32 Östlicher Ortsrand von Lenzkirch, Würm-Maximalstand
(Karte 3, Abb. 44)

Vor allem auf den Hängen südöstlich von Lenzkirch liegen Grundmoränen-Schleier und flache Endmoränenwälle, die wie die Moränenvorkommen im Jostal beim Schottenhof (Beobachtungspunkt 31) im kältesten Abschnitt der Würm-Eiszeit gebildet wurden und die maximale Eisausdehnung (Würm-Maximalstand) markieren (Abschn. 7.2.2).

B 33 Titisee-Neustadt, Flußterrassen neben Bahnlinie (Karte 3, Abb. 44)

Im westlichen Stadtgebiet von Titisee-Neustadt sind die Niederterrasse und die etwa 7 m darunter liegende Terrasse des Titisee-Standes direkt nebeneinander erhalten (Abschn. 7.2.3). Besonders gut sind diese beiden ehemaligen Talniveaus von der Straßenbrücke über die Gutach 400 m östlich des Bades aus (Blickrichtung Nordwesten) einzusehen (Abb. 38). Knapp unter der Terrasse des Titisee-Standes verläuft die Bahnstrecke. Der verhältnismäßig große Höhenunterschied zwischen diesen beiden, an klimatisch kühlere Abschnitte gebundenen Terrassenstufen liegt an der starken Tiefenerosion nach der Wutachablenkung. Die rückschreitende Erosion hat sich von der knapp 30 km weiter östlich liegenden Ablenkungsstelle bei Achdorf bis hierher in den Oberlauf der Wutach rückschreitend vorgebaut – allerdings mit weitaus geringeren Eintiefungsbeträgen als an der Ablenkungsstelle und im Mittellauf der Wutach (Abb. 27).Verlauf dieser Terrassenniveaus erhält man Informationen über den Ablauf und die Geschwindigkeit der Taleinschneidung.

Abb. 38 Niederterrasse (Nt) und Terrasse des Titisee-Stadiums (Ti, Stufe oberhalb der Bahntrasse) im westlichen Stadtgebiet von Titisee-Neustadt (Blick von der Brücke über die Gutach östlich des Freibads, Zubringer B 31).

B 34 Hochfirst-Aussichtsturm (Karte 3, Abb. 44)

Bei guter der Fernsicht ist der neben dem Hochfirsthaus stehende Turm am Westende des Hochfirst-Rückens ein lohnendes Ziel. Der Stahlturm überragt die Bewaldung und ermöglicht eine 360°-Rundumsicht. Im Westen liegt der Feldberg (1492 m) als höchste Schwarzwald-Erhebung und Hauptausgangsgebiet der Schwarzwald-Vergletscherung (Abb. 39). Zwischen dem Seebachtal mit dem Titisee und dem oberen Haslachtal (südlich) verläuft ein Rücken, der im Hochwürm (Abschn. 7.2.2) von Gletschereis überflossen wurde (Transfluenz). Das Seebachtal ist durch Glazialerosion übertieft und oberhalb des Titisees mit bis zu 40 m Sediment verfüllt. Der Titisee ist das heute noch verbliebene Zungenbecken des Bärental-Gletschers, das seit dem Eisrückzug im Würm-Spätglazial durch die Flußfracht von Westen her verlandet. Aufgrund der Altersbestimmung von Seesedimenten des Titisees (LANG et al. 1984) weiß man, daß der Titisee vor etwa 14.000 Jahren eisfrei wurde. Während der maximalen Eisausdehnung in der Würm-Eiszeit vor ungefähr 18.500 Jahren reichte der Gletscher im Gutachtal – der Fortsetzung des Seebachtales – und im Haslachtal bis dicht an den Zusammenfluß der Gutach und der Haslach (Konfluenz). Bei Titisee-Neustadt (im Nordosten) wurden durch den Gletscher die von Norden einmündenden Täler plombiert und dadurch die Langenordnach und der Josbach zu einem See aufgestaut (heute Seesedimente). Im Süden sind bei günstigen Verhältnissen die

Abb. 39 Blick vom Hochfirst über den Titisee zum schneebedeckten Feldberg.

Schweizer Alpen zu erkennen. Im Westen ist hinter dem bewaldeten Rücken das tief eingeschnittene Wutachtal mit der Blumberger Pforte vor den auffällig aufragenden Hegau-Vulkanen Höwenegg und Hohenstoffeln zu sehen. Im Nordosten verläuft der markante Albtrauf. Am Aufstieg zum Hochfirst liegen an vielen Stellen Blöcke des rötlichen Bärhalde-Granites (Abschn. 31, Abb. 9), dessen Verwitterungsreste grobsandige rote Böden hervorrufen (teilweise auch eiszeitliche Schuttdecken). Anstehend ist der Bärhalde-Granit am Luchsenfelsen neben dem Hochfirsthaus. Am Hochfirst-Rücken gibt es auch an einigen Stellen Felsgruppen aus Bärhalde-Granit (Wanderweg vom Hochfirsthaus Richtung Kappel) mit der an Klüften ansetzenden und durch rundliche Formen charakterisierten Wollsackverwitterung. Zu erreichen von Saig (kürzester Weg), Kappel, Lenzkirch oder Titisee-Neustadt.

B 35 Mühlingen, Rückzugshalt des Titisee-Stadiums (Karte 3, Abb. 44)

Der flache Moränenwall bei Mühlingen entstand zeitgleich mit den Endmoränen am Ostende des Titisees (Titisee-Stand, ca. 14.500 Jahre, Abschn. - 7.2.2). Bei Mühlingen ist besonders gut die Verknüpfung der Moräne mit dem talabwärts angeschlossenen Sedimentkörper eines von dem Gletscherrand ausgehenden Flusses erhalten.

B 36 Feldsee, Kar mit Riegel (Karte 3, Abb. 44)

Der Feldsee liegt in einem nach Osten exponierten Karbecken, das in einem späten Stadium des Würmglazials (Abschn. 7.2.2) noch von Eis und Firn erfüllt war und zu dieser Zeit seine heute noch gut erhaltene, letzte morphologische Prägung erhielt (Abb. 40). Die Bodensedimente des Feldsees sind bis zu 11.000 Jahre alt und geben somit den Zeitpunkt an, ab dem der Feldsee eisfrei gewesen sein muß (LANG et al. 1984). Am Ostende des Feldsees liegt der Karriegel aus groben Gneisanatexit-Blöcken (Abschn. 5.1), die an der Eisfront angehäuft wurden. In dem Moorgebiet östlich des Feldsees lag ein weiterer, etwas älterer Rückzugshalt des Feldberggletschers (Feldsee-Stadium I). In dem Moor wurde ebenso wie in den Sedimenten am Boden des Titisees der Laacher-See-Tuff nachgewiesen (11.000 Jahre, Eifel-Vulkanismus), der eine wichtige Zeitmarke darstellt.

B 37 Seebuck, Feldberg-Plateau (Karte 3, Abb. 44)

Das kuppige Feldberg-Plateau besteht überwiegen aus Gneisantexit (Migmatit) des Zentralschwarzwälder Gneiskomplexes (S. 22), der meist von einem dünnen Moränenschleier überzogen ist (größere Aufschlüsse des Grundgebirges fehlen hier). Die Gesteine, die heute am Feldberg an der Erdober

Abb. 40 Feldsee und Feldsee-Kar unter dem Seebuck.

fläche liegen, befanden sich ungefähr 200 m unter der Basis des Deckgebirges. Zusammen mit dem etwa 700 m mächtigen Deckgebirge wurden hier im Verlaufe der Schwarzwald-Hebung im Tertiär und frühen Quartär demnach etwa 900 m Gestein abgetragen. Aufgrund ihrer tieferen Erosionsbasis sind die direkt auf den Oberrhein nach Westen entwässernden Täler steiler und tiefer eingeschnitten als die nach Osten und Südosten ausgerichteten. Im Osten liegt unterhalb des Seebucks das Feldsee-Kar (Beobachtungspunkt 36).

B 38 Caritas-Haus, Gneisanatexit (Metatexit) (Karte 3, Abb. 44)

An der Straßenböschung gegenüber dem Caritas-Haus liegen mehrere gut zugängliche Gneisanantexit-Aufschlüsse (S. 21). Die vom Gletscher polierte Felsoberfläche auf Höhe des Caritas-Hauses zeigt eine eng verfaltete, helle Bänderung aus den Gesteinsbestandteilen, die bei der Aufheizung (Metamorphose) mobilisiert und angereichert wurden (vor allem Quarz und Feldspat). Die Fältelung zeigt aber auch, daß das Gestein vollständig durchgeschmolzen und deformiert wurde (Metatexis). Am westliche Rand des Aufschlusses sind auch dünnlagige, hornblendereiche Zonen (Amphibolith) entwickelt.

B 39 Hochkopf-Weg, Blick auf Moränenwall
(Karte 3, Abb. 44)

Am Hochkopfweg – ein günstiger Ausgangspunkt ist das Caritas-Haus – bietet sich etwa 500 m südöstlich des Caritas-Hauses (an Schautafel) ein Blick in das Menzenschwander Tal. Auffallend ist der gut erhaltene Endmoränenwall, der das enge Tal der Menzenschwander Alb bogenförmig durchzieht (Abb. 41). Dieser Wall korreliert zeitlich vermutlich mit dem Feldsee-Stadium, dem jüngsten Rückzugsstadium des würmzeitlichen Feldberggletschers, welches auf etwa 11.000 Jahre datiert wurde. Von dieser Position aus ist auch der scharf abgegrenzte Karembryo an der nordöstlichen Flanke des Herzogenhorn zu erkennen. Am Wegrand liegen wiederholt Aufschlüsse von rötlichem Bärhalde-Granit.

B 40 Zweiseenblick, Bärhalde-Granit, Aussicht
(Karte 3, Abb. 44)

Der Zweiseenblick ist eine felsige Anhöhe auf dem Höhenzug östlich der Menzenschwander Alb. Die Felsgruppe besteht aus Bärhalde-Granit, der Ansätze von Wollsackverwitterung aufweist. Die Verwitterung setzt an einem deutlich hervortretenden orthogonalen Hauptkluftsystem an, welches etwa N-S und S-W orientiert ist. Ein Besuch dieses Punktes lohnt vor allem auch wegen der Aussicht nach Osten auf den Titisee und den Schluchsee.

Abb. 41 Das Albtal oberhalb Menzenschwand mit einem gut erhaltenen Endmoränenbogen im Vordergrund, der in einem späten Stadium der Würm-Eiszeit vom Feldberggletscher gebildet wurde.

Am Höhepunkt der Würmvereisung ragten vom Hochfirst (mit dem weithin markantem Aussichtsturm) nur noch die Regionen oberhalb ca. 1050 m aus dem Gletschereis. Im südlichen Haslachtal lag der Eisrand etwa im Bereich des östlichen Ortsrandes von Lenzkirch.

B 41 Herzogenhorn, Karembryo
(Karte 3, Abb. 44)

Die steile, ausgefräste Ostflanke des Herzogenhorn zeigt ein frühes Stadium einer Karbildung. Im Gegensatz zum vollständig entwickelten Feldseekar fehlt hier der übertiefte Karboden mit dem talwärtigen Wall (Karriegel), weshalb hier auch von einem Kar-Embryo gesprochen wird.

8 Beobachtungspunkte

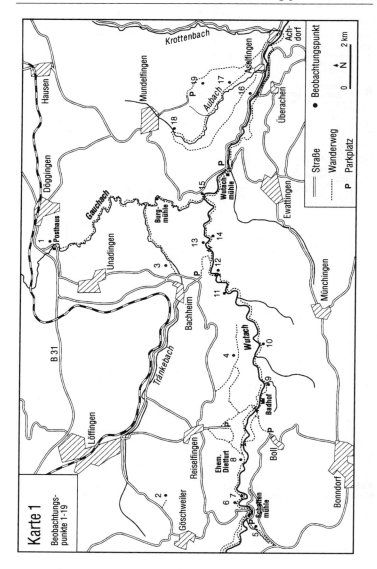

Abb. 42 Übersichtskarte (Nr. 1) der Wutachschlucht zwischen der Schattenmühle und Achdorf mit Beobachtungspunkten.

8 Beobachtungspunkte

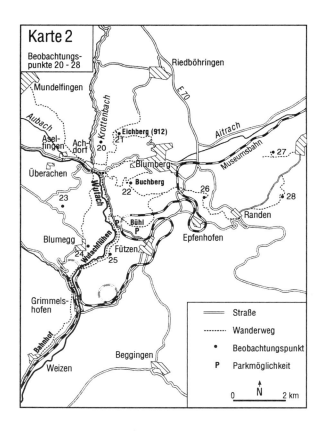

Abb. 43 Übersichtskarte (Nr. 2) des Gebietes um das Wutachknie (Wutachflühen, Blumberg, Randen) mit Beobachtungspunkten.

8 Beobachtungspunkte 115

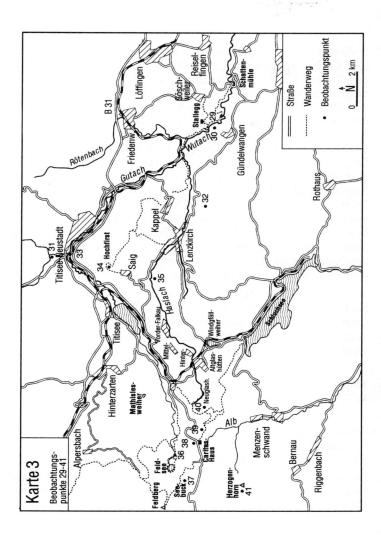

Abb. 44 Übersichtskarte (Nr. 3) des östlichen Südschwarzwaldes und des Wutach-Oberlaufes mit Beobachtungspunkten.

9 Exkursionen

In diesem Kapitel sind einige nach geologischen und landschaftlichen Gesichtspunkten zusammengestellte Wanderrouten beschrieben. Sie sind nur eine kleine Auswahl der zahlreichen Exkursionsmöglichkeiten. In vielen Fällen können öffentliche Verkehrsmittel und Wanderbusse genutzt werden, um an die Startpunkte oder dorthin zurück zu gelangen. Besonders bei längeren Talwanderungen ist es sinnvoll oder notwendig, diese in die Touren einzubeziehen. Über die zum Teil saisonabhängigen Fahrpläne sollte man sich vor Ort informieren. Die Wanderbusse verkehren zum Teil nur an Wochenenden und an Feiertagen im Sommerhalbjahr. Bahnhöfe des Regional- und Fernverkehrs gibt es in Donaueschingen, Hüfingen, Döggingen, Unadingen, Bachheim, Löffingen, Rötenbach, Neustadt, Titisee, Hinterzarten, sowie an der Strecke Titisee-Schluchsee in Feldberg-Bärental, Altglashütten-Falkau, Aha, Schluchsee und Seebruck. Bushaltestellen gibt es in den meisten Orten und an einigen Ausgangspunkten von Wanderungen (z.B. Wanderbus-Haltestellen an der Schattenmühle und der Wutachmühle).

Weite Teile des beschriebenen Gebietes stehen als ursprüngliche Naturräume und Refugien einer seltenen Tier- und Pflanzenwelt unter Naturschutz. Der Besuch dieser Gegenden unterliegt deshalb verschiedenen Einschränkungen, die auf Hinweistafeln an den jeweiligen Park- und Rastplätzen angegeben sind.

Entfernungsangaben: Die Angaben der Wegstrecken beziehen sich jeweils auf den Ausgangspunkt.

Abkürzungen:
P = Parkmöglichkeit
B = Beobachtungspunkt (Kapitel 8)
Bus = Bushaltestelle. Die Wanderbusse fahren zum gegenwärtigen Zeitpunkt nur während der Sommersaison (ca. Mitte Mai bis Ende Oktober) an Wochenenden und Feiertagen!

Wutachtal zwischen der Einmündung der Haslach in die Gutach und Achdorf (Karte 1, Abb. 42 und Karte 3, Abb. 44)

Route 1: Schattenmühle – Wutachmühle
Ca. 14 km, Tagestour, Karte 1, Abb. 42

Für die Rückkehr oder zum Erreichen des Startpunktes sollte bei dieser längeren Talwanderung der regionale Wanderbus eingeplant werden, der an der Schattenmühle und der Wutachmühle Haltestellen hat. Über die Zustiege von Boll, Reiselfingen, Bachheim und dem Wanderparkplatz zwischen Mundelfingen und der Wutachmühle sind auch kürzere Teilstrecken möglich (z.B. Route 2).

Kurzbeschreibung: Schattenmühle (Bus, P) – Alte Dietfurt (2 km, B 6 – 8) – Badhof (4 km, B 9, hier auch Zustiege von Boll und Reiselfingen) – Gauchach-Einmündung (Kanadier-Steg, 12 km, B 10–15) – Wutachmühle (14 km).

Wegführung: Die Strecke hält sich durchweg an den Wutachschlucht-Hauptwanderweg (Raute weiß-rot). Die Wege sind stellenweise schlüpfrig mit kurzen Anstiegen (festes Schuhwerk). Statt talabwärts der alten Dietfurt über die Brücke auf die rechte Talseite zu wechseln, kann man auch den Übergang am ehemaligen Badhof Boll benutzten.

Beobachtungspunkte: B 6–15, vor allem Aufschlüsse im Buntsandstein und Muschelkalk, Tektonik.

Route 2: Rundwanderung Reiselfingen – Wutachschlucht
Ca. 4,5 km, Halbtagestour, Karte 1, Abb. 42

Kurzbeschreibung: Reiselfingen (Bus oder P am Sportplatz) – Wutachschlucht-Talboden (1,5 km, Zugang über Gaisloch) – Badhof Boll (2,5 km) – Reiselfingen (4,5 km östlicher Aufstieg).

Wegführung: Von Reiselfingen aus durch den kurzen Tobel südlich von Reiselfingen (Gaisloch) zur Wutachschlucht (Kreuzweg) hinunter. Dort talabwärts bis zum Badhof (Schlucht-Hauptwanderweg, weiß-rote Raute). Am Badhof über die Brücke auf die linke Talseite wechseln und den Steig hinauf zur Talschulter. Ab hier direkt nach Reiselfingen oder zusätzlicher Abstecher in den Großwald (dann ca. 3 km länger). Vom südwestlichen Rand des Kiesabbaus ist die ehemalige Abbaufront der würmzeitlichen Wutach-Schotter (Niederterrasse) zu sehen (B 4). Im Waldgebiet südöstlich des Kiesabbaus ausgedehntes Dolinenfeld (Gipskeuper-Subrosion).

Beobachtungspunkte: B 9, Übergang Mittlerer-Oberer Muschelkalk, bei einem Abstecher zur Alten Dietfurt (B 8) und in den Großwald (B 4) zusätzlich Unterer Muschelkalk und würmeiszeitliche Schotterterrasse (Niederterrasse) mit jungen Erdfällen.

9 Exkursionen

Route 3: Rundwanderung Bachheim – Wutachschlucht
Ca. 8,5 km, längere Halbtagestour, Karte 1, Abb. 42

Kurzbeschreibung: Bachheim (Wanderparkplatz) – Einstieg Tränkebach (B 3, „Enge Schlucht"), Gauchach (3 km, B 15) – Einmündung in die Wutach (5 km) – Wutachbrücke (B 13, 14) – Wanderparkplatz Bachheim (ca. 8,5 km).

Wegführung: Vom Wanderparkplatz aus etwa 700 m weit nach Norden (entlang der Straße) bis zum Beginn des Tränkebach-Tobels (auf manchen Schildern auch als „Enge Schlucht" bezeichnet). Die westlich an das Gauchachtal angrenzenden, bis 1,5 km breiten Hochflächen sind die Gauchach-Niederterrasse (B 3). Auf schmalem Pfad durch das schmale Tränkebach-Tal zur Gauchach hinunter. Die Einmündung der Wutach wird nach weiteren 2 km mit zahlreichen kleineren Aufschlüssen des Oberen Muschelkalks erreicht. An den Muschelkalk-Felsen an der Gauchach-Einmündung tritt der Dögginger Oolith als 4 m mächtige, kompakte Zone hervor (B 15). Von hier talaufwärts (der Hauptweg verläuft auf der südlichen Talseite, der Weg auf der anderen Seite endet bald), vorbei am Wutach-Austritt (B 14, Rippelmarken) und hohen Muschelkalk-Wänden (B 13), bis zu einer Holzbrücke, die überquert wird. Hier auf bezeichnetem Weg wieder zum Wanderparkplatz nach Bachheim. An der Verflachung des Weges (Wiese im Bereich der Hochspannungsleitung) befindet sich ein Rest der Wutach-Niederterrasse (verstreute Kristallin-Gerölle).

Beobachtungspunkte: B 3, 13–15, vor allem Oberer Muschelkalk, Gauchach-Niederterrasse, auf Sporn südöstlich des Wanderparkplatzes Wutach-Niederterrasse (nicht als Beobachtungspunkt ausgewiesen).

Route 4: Rundwanderung Göschweiler – Räuberschlößle (Wutach)
Ca. 9 km, längere Halbtagestour, Karte 3, Abb. 44

Kurzbeschreibung: Göschweiler (Bus, P) – Stallegg (1,5 km) – Wutachschlucht (Wehr Stallegg, 2,5 km, ab hier Wutachschlucht-Hauptweg talabwärts) – Räuberschlößle (B 29, 4,5 km, ab hier an Taloberkante oder tieferem Weg zur Schattenmühle) – Schattenmühle (6,5 km) – Göschweiler (9 km).

Wegführung: Von Göschweiler zunächst den asphaltierten Wirtschaftsweg nach Südwesten am Hof Stallegg (die auffallend ebenen und zum teil bewaldeten Flächen vor der Wutachschlucht sind Niederterrassen-Reste der Donau-Wutach). Ab Stallegg biegt der Weg nach Süden und verläuft dann steiler im Wald talabwärts zur Wutach hinunter bis zum Wehr Stallegg. Hier dann wutachabwärts (Hauptwanderweg, weiß-rote Raute) mit kleineren Buntsandstein-, Paragneis- und Amphibolit-Aufschlüssen bis zum Räuberschlößle (B 29). Ab hier verlangt man entweder über den tieferen, streckenweise neben der Wutach verlaufenden Weg, der dicht östlich des Räuberschlößle abzweigt, oder über den besseren, höheren Hauptweg zur Schattenmühle. Ab der Schattenmühle zunächst etwa 500 m neben der Straße in

Richtung Göschweiler und dann ab einem bezeichneten Abzweig auf dem Wanderweg westlich der Hauptstraße über Wiesengelände nach Göschweiler. Vom höheren Weg aus gibt es auch direkte Verbindungen nach Göschweiler (Schattenmühle fällt dann weg).

Beobachtungspunkte: B 29, Porphyr, Paragneis, am Wegrand auch einige Aufschlüsse im Buntsandstein und Unteren Muschelkalk.

Route 5: Rundwanderung Aselfingen
8 – 9 km, Halbtagestour, Karte 1

Kurzbeschreibung: Aselfingen – Aubach (B 17, 18) – Mundelfingen (Bus, P, 4,5 km) – Jungviehweide (6 km, B 19) – Aselfingen (8 – 9 km).

Wegführung: Von Aselfingen aus den Wirtschaftsweg neben dem Aubach (Rundwanderweg 6 in der von der Stadt Blumberg herausgegebenen Wanderkarte) hinauf zum Waldrand. Der Weg bietet an vielen Stellen Blicke auf die Lias-Profile am Aubach (B 17, östlich des Weges sog. Kegelbuck). An der Abzweigung hinter dem Waldrand den rechten Weg weiter talaufwärts, immer neben dem Aubach (schmale Stellen). Neben dem Weg liegen zahlreiche Aufschlüsse im unteren Lias. Beim Erreichen der Hochfläche weiter nach Mundelfingen und ab Mundelfingen den Feldweg wieder nach Süden (Raute hellblau mit weißem Feld). Über Wiesengelände an der Jungviehweide (B 19) vorbei wieder das offene Tal hinab nach Aselfingen. Diese Wanderung verdeutlicht die tektonische Absenkung der Schichten im Zentrum des Bonndorfer Grabens, denn im Tal bei Aselfingen (ca. 550 m) stehen dieselben Gesteine (Unterer Lias) an wie bei der Hochfläche an der Oberkante des Aubach-Tales in knapp 700 m Höhe. Eine Störung ist nicht aufgeschlossen (evtl. flexurartiges Schichtabtauchen).

Hinweis (unbedingt beachten): Im Gebiet des Aubachs das Verlassen von Wegen und Anschlagen der Gesteine ausdrücklich verboten (Hinweisschilder)!

Beobachtungspunkte: B 17, 18, 19, vor allem Lias, Morphologie. Ein günstiger Ausgangspunkt ist auch der kleine Wanderparkplatz südlich Mundelfingen.

Gebiet Blumberg – Wutachflühen – Randen (Karte 2, Abb. 43)

Route 6: Wanderung Wutachflühen
Ca. 7 km, Halbtagestour, Karte 2, Abb. 43

Kurzbeschreibung: Wanderparkplatz Bühl (an der Straße zwischen Achdorf und Fützen) – Wutachflühen (oberer Weg, B 25), Kehrtunnel (3 km, hier beginnt der Rückweg über den tieferen Weg) – Wanderparkplatz Bühl (6–7 km).

Wegführung: Der stellenweise steile Weg durch die Wutachflühen bietet die beeindruckendsten Tiefblicke im Wutachgebiet (Vorsicht mit Kindern). Vom Parkplatz aus den Weg (schwarz-rote Raute) zur Schluchtoberkante und ab hier talabwärts nach Süden (einige Aussichtskanzeln mit Blick auf die etwa 100 m tiefere Wutach!). In Nebentälern liegen einige Wasserfälle mit Kalksintern. Der nun etwas flachere Weg verläuft durch abgerutschte Felsschollen aus Oberem Muschelkalk (B 25). An der Eisenbahnbrücke über die Wutach beginnt der Rückweg, der dicht über der Talsohle auf derselben Talseite verläuft. Ab hier etwa 1,5 km talaufwärts zu einem kleinen Steig, der auf den oberen Weg und zum Ausgangspunkt zurückführt, oder an der ehemaligen Moggeren-Mühle vorbei (Mühlstein mit Hinweistafel) bis zur Straße Achdorf-Fützen und über ein kurzes Stück auf der Straße zurück zum Wanderparkplatz.

Beobachtungspunkte: B 25, vor allem Oberer Muschelkalk, Hangzerreißungen, Tiefblicke in die Schlucht. Der Ausgangsort kann auch von Achdorf aus erreicht werden (Entfernung Achdorf-Wanderparkplatz Bühl ca. 3 km).

Route 7: Strecke Zollhaus – Weizen
Bis ca. 17 km, Tagestour, Karte 3, Abb. 44

In längere Talwanderungen zwischen Blumberg und Weizen kann die **Museumsbahn** eingebunden werden. Haltepunkte gibt es in Blumberg-Zollhaus, Epfenhofen, Punkt Wutachblick (bei dem als „Bühl" bezeichneten Hügel), Fützen, Grimmelshofen, Lausheim-Blumegg und Weizen.

Kurzbeschreibung: Zollhaus-Blumberg – Buchberg (3,5 km) – Bühl (8 km) – Wanderparkplatz Bühl (9,5 km) – Bahnhof Lausheim (14 km) – Grimmelshofen (15 km) – Bahnhof Weizen (17 km).

Wegführung: Von Zollhaus-Blumberg zum Ostrand des Buchberg und über den flachen Buchberg-Rücken zum Gipfel vor dem westlichen Aufschwung des Buchbergs (B 22, W-Blick auf Wutach und Hochschwarzwald). Vom Gipfel aus wieder ca. 1 km zurück bis zum Abzweig Richtung Fützen und den Hang hinunter. Etwa 300 m nachdem die Museumsbahn überquert wurde, zweigt nach rechts der Zugang zum Bühl ab (auffallende Kuppe). Durch den Abstecher zum Bühl verlängert sich zwar der Weg, doch er lohnt sich wegen des Blickes westlich der Bielwasen-Hütte (Rastplatz) auf die Wutachflühen und den Randen. Den Bühl steigt man über einen Feldweg hinunter zur Straße Achdorf-Fützen und erreicht den Wanderparkplatz Bühl. Ab hier bis zur Wutachbrücke wie bei Route 6 (schwarz-rote Raute) durch die Wutachflühen (B 25). An der Brücke wird die Wutach überquert und der Hauptweg verfolgt bis zu den Haltestellen der Museumsbahn bei Lausheim, Grimmelshofen oder Weizen. Die Strecke kann abgekürzt werden indem der Abstecher auf den Buchberg weggelassen wird (ca. 2,5 km kürzer)

Hinweis: Das Wutachtal war vor der Wutachablenkung zwischen dem Hochrhein und Grimmelshofen schon weitgehend bis auf das heutige Niveau eingetieft. Gegenüber von Weizen (Schweizer Seite) existieren Reste der

Wutach-Niederterrasse, die sich 2 – 3 m über die Talaue erheben. Sie wurden nach der Wutachablenkung, aber noch während des Würm-Hochglazials aufgeschüttet (mit Schwarzwald-Material).

Route 8: Rundwanderung Achdorf – Blumegg
Ca. 10 km, Halbtagestour, Karte 2, Abb. 43

Kurzbeschreibung: Achdorf (über Wutach-Brücke, dann auf Nebenstraße oder Landwirtschaftswegen) – Blumegg (B 24, 5 km) – Achdorf (10 km, Rückweg über den weiter östlich verlaufenden Weg an der Hangoberkante und dann durch den Wald nach Achdorf hinab, Zielwanderweg 12).

Wegführung: In Achdorf über die Wutachbrücke, dann ca. 300 m talaufwärts neben der Wutach und an der Abzweigung die asphaltierte Nebenstrecke Richtung Blumegg hinauf. Der Weg Richtung Blumegg ist bezeichnet und bietet viele Aussichten auf das Aitrach-Relikttal (B 23) und den großen Rutsch unterhalb des Eichberg-Gipfels. Vom Südstrand der Ortschaft Blumegg ist durch eine baumfreie Zone der Blick auf ein vollständiges Muschelkalk-Profil an der Hangkante gegenüber möglich (B 24). Der Rückweg von Blumegg verläuft über einen ebenfalls bezeichneten, östlicher verlaufenden Wirtschaftsweg, von dem ein Wanderweg abzweigt, der durch den Wald nach Achdorf hinunter führt (kleinere Lias-Aufschlüsse am Wegrand).

Beobachtungspunkte: B 23, 24, eindrucksvolle Blicke auf das Aitrach-Relikt-Tal, am Südost-Ende von Blumegg Aussicht auf Felsen mit komplettem Profil des Oberen Muschelkalks.

Route 9: Blauer Stein
Ca. 4 km, Halbtagestour, Karte 2, Abb. 43

Kurzbeschreibung: Randen – Blauer Stein (2 km, B 28) – Randen (4 km).

Wegführung: Von Randen aus zunächst die Nebenstraße Richtung Riedöschingen. nach ca. 600 m zweigt nach rechts ein Forstweg ab, der zum Blauen Stein (B 28) führt (ca. 1,5 km nach Abzweig, rechts vom Waldweg). Vom Blauen Stein aus kann auch der Weg über Riedöschingen zum Travertin-Steinbruch verlängert werden.

Beobachtungspunkte: B 28, Basalt-Härtling, Streu der Juranagelfluh, über Verlängerung auch Travertin-Steinbruch (B 27).

Gebiet talaufwärts der Einmündung der Haslach in die Gutach (Karte 3, Abb. 44)

Route 10: Rundwanderung Saig – Hochfirst
Bis 13 km, Halbtages- bis Tagestour, Karte 3, Abb. 44

Kurzbeschreibung: Saig (der Aufstieg beginnt am NW-Ende des Ortes) – Hochfirst (B 34, 1,5 km) – Kappel (7 km) – Saig (13 km).

Wegführung: Am Nordwestende von Saig (kleine Parkmöglichkeit) beginnt der Steig zum Hochfirst (bezeichnet). Das Hochfirst-Haus mit dem daneben liegenden Aussichtsturm (B 34) erreicht man nach ca. 45 min Aufstieg. Beim Hochfirst-Haus befinden sich mehrere kleinere Felsen aus Bärhalde-Granit.

Vom Aussichtsturm dann auf dem Rücken durch den Wald Richtung Kappel, entweder bis Kappel (dann längerer Rückweg) oder Abstieg nach Lenzkirch und dann nach Saig zurück. Auf dem weg Richtung Kappel wird die Badenweiler-Lenzkirch-Zone gequert. Es existieren hier aber keine guten Aufschlüsse. An Lesesteinen ist der Gesteinswechsel aber deutlich zu erkennen.

Beobachtungspunkte: B 34, Rundumsicht (Feldberg, z.T. Alpen), außerdem auf dem Hochfirst-Rücken Felsen aus Bärhaldegranit, Wollsackverwitterung, Querung der Badenweiler-Lenzkirch-Zone (z.T. Porphyr-Lesesteine). Mehrere Abkürzungsmöglichkeiten, z.B. über Abstieg Richtung Lenzkirch nach Saig zurück (dann insgesamt 8 km).

Route 11: Rundweg Caritas-Haus – Zweiseenblick
Je nach Strecke 6 – 11 km, Halbtages- bis Tagestour, Karte 3, Abb. 44

Kurzbeschreibung: Caritas-Haus (Bus, P, B 38, Hochkopfweg B 39) – Zweiseenblick (2,5 km, B 40) – Caritas-Haus (über Hochkopfweg 6 km oder über Menzenschwand durch das Albtal ca. 11 km).

Wegführung: Am Caritas-Haus vorbei auf dem Hochkopf-Weg (rote Raute) nach Südosten. Etwa 500 m hinter dem Caritas-Haus Aussicht in das Menzenschwander Tal (bei Hinweistafel) mit dem bogenförmig angeordneten Moränenwall im Vordergrund (Feldsee-Stadium, ca. 11.000 Jahre alt). Nach weiteren 500 m zweigt nach links ein Weg zum Zweiseenblick (Wegweiser) ab. Vom Zweiseenblick (B 40) aus dann den Weg Richtung Menzenschwand an dem Hochmoor vorbei wieder auf den Hochkopf-Weg. Entweder auf dem Hochkopf-Weg direkt zurück zum Caritas-Haus oder Abstieg nach Menzenschwand in das Albtal (mehrere Möglichkeiten). Durch das Albtal dann vorbei an dem Moränenwall und am Talende über steilen Anstieg wieder zum Caritas-Haus.

Beobachtungspunkte: B 38, 39, 40. Gneisanatexit, Moränenwall, Bärhalde-Granit, Aussichten (u.a. auf Herzogenhorn, Kar-Embryo).

Route 12: Rundweg Caritas-Haus – Feldsee –Feldberg
Ca. 16 km, Tagestour, Karte 3, Abb. 44

Kurzbeschreibung: Caritas-Haus (Bus, P, B 38) – Feldsee (3 km, B 36) – Raimartihof – Rinken (Parkplatz, 7 km) – Wetterwarte (11 km) – Seebuck (13 km, B 37), Caritas-Haus (16 km).

Wegführung: Schräg gegenüber vom Caritas-Haus (B 38) beginnt ein bezeichneter Wanderweg, der zum Feldsee-Kar (B 36) führt. Nach Umrundung des Kars über den Raimartihof zum Wegkreuz am Rinken (Wanderparkplatz). Von hier gibt es mehrere Möglichkeiten – entweder über Baldenweger Hütte oder etwas länger über Zastler Hütte – für den Aufsteig zur Wetterwarte (1493 m) und zum Seebuck (B 37, Aussichten). Vom Seebuck dann Abstieg zum Caritas-Haus (über Feldberger Hof oder den Steig durch den Wald).

Hinweis: Die Umgebung des Feldberg-Plateaus steht unter Naturschutz und darf nur auf bestimmten Wegen begangen werden (Hinweise beachten). Die Wanderung zum Feldsee und Feldberg-Plateau kann auch im Bärental begonnen werden (dann vorbei an älteren Rückzugshalten des Feldberggletschers).

Beobachtungspunkte: B 36, 37, 38. (Gneisanatexit, Feldseekar, Glazialmorphologie, Moränen, Aussicht).

10 Literatur

Geologische Karten

Vom größten Teil des beschriebenen Gebietes liegen geologische Karten im Maßstab 1:25.000 vor. Bezug von Karten oder Verzeichnissen über das Landesvermessungsamt Baden-Württemberg, Büchsenstr. 54, 70 174 Stuttgart (bzw. Postfach 10 29 62, 70 025 Stuttgart) oder Bestellung über den Buchhandel.

Literatur

BAUER, M. (1993): Wasserhaushalt, aktueller und holozäner Lösungsabtrag im Wutachgebiet (Südschwarzwald).– Tübinger Geowiss. Arbeiten, Reihe C, 14, Tübingen.

BANGERT, V. (1991): Erläuterungen zu Blatt 8115 Lenzkirch. Mit Beiträgen von A. ETZOLD, G. SAWATZKI UND A. SCHREINER.– Geol. Karte 1:25.000 Baden Württ., Erl. Bl. 8115 Lenzkirch, Stuttgart.

BARTZ, J. (1961): Die Entwicklung des Flußnetzes in Südwestdeutschland.– Jh. geol. Landesamt, 4, Freiburg i. Br.

BAUSCH, W., GEYER, O., SCHOBER, T., SCHREINER, A. (1989): Zur Geologie des badischen Klettgaus (Exkursion M am 31. März 1989).– Jber. u. Mitt. oberrh. geol. Ver., n. F. 71, Stuttgart.

BLIEDTNER, M., MARTIN, M. (1986): Erz- und Minerallagerstätten des Mittleren Schwarzwaldes.– Geol. Landesamt Baden-Württemberg, Freiburg i. Br.

BÜSCH, W. , MEHNERT, K.R., (1993): Ein Beispiel für Granitisation im Schwarzwald? (Umdeutung der Feldspatisationszone von Geschwend).– Jh. Geol. Landesamt Baden-Württ., 35, Freiburg i.Br.

EINSELE, G. & RICKEN, W. (1993:) Eintiefungsgeschichte und Stoffaustrag im Wutachgebiet (SW-Deutschland).– Tübinger Geowiss. Arbeiten, Reihe C, 15, Tübingen.

ERB, L. (1937): Der Zeitpunkt der Wutachablenkung und die Parallelisierung der würmeiszeitlichen Stadien des Schwarzwalds mit denen des Rheingletschers.– Mitt. Bad. Landesver. f. Naturk. u. Naturschutz, NF Bd. 3, H. 22, Freiburg i. Br.

FRENZEL, B., PÉCSI, M., VELICHKO, A. (Ed., 1992): Atlas of Palaeoclimates and Palaeoenvironments of the Northern Hemisphere: Late Pleistocene – Holocene.– Geographical Research Inst., Hungary Acad. of Science, Fischer, Budapest, Stuttgart.

GEYER, O. F. & GWINNER, M. P. (1991): Geologie von Baden-Württemberg.– 4. Aufl., Schweizerbart, Stuttgart.

HAHN, W. (1971): Der Jura.– In: SAUER, K. & SCHNETTER, M. (Hrsg.).– Die Wutach – Monographie einer Flußlandschaft. Natur- und Landschaftsschutzgebiete Baden-Württ., 6, Freiburg i. Br.

HEBESTREIT, C. (1995): Zur jungpleistozänen und holozänen Entwicklung der Wutach (SW-Deutschland).– Tübinger Geowiss. Arbeiten, Reihe C, 25, Tübingen.

HEBESTREIT, C., SCHIEDEK, T., BAUER, M. & PFAFFENBERGER, C. (1993): Zeitmarken der Wutacheintiefung – Terrassenkorrelation, Terrassenstratigraphie und Kalktuffe.– Jber. u. Mitt. oberrh. geol. Ver., n. F. 75, Stuttgart.

HOFMANN, A. & KÖHLER, H. (1973): Whole rock RB-SR ages of anatectic gneisses from the Schwarzwald, SW-Germany.– N. Jb. Mineral., Abh., 119, Stuttgart.

HOFMANN, F. (1977): Neue Befunde zum Ablauf der pleistocaenen Landschafts- und Flussgeschichte im Gebiet Schaffhausen–Klettgau–Razerfeld.– Eclogae geol. Helv., 70/1, Basel.

HOFMANN, F. (1994): Beobachtungen zur Quartärgeologie des Schaffhauser Klettgaus.– Eclogae geol. Helv., 87/1, Basel.

ILLIES, H. (1974): Intra-Plattentektonik in Mitteleuropa und der Rheingraben.– Oberrhein. Geol. Abh., 23, 1–24, Karlsruhe.

JORDAN, U. (1993): Die holozänen Massenverlagerungen des Wutachgebietes (Südschwarzwald).– Tübinger Geowiss. Arbeiten, Reihe C, 16, Tübingen.

KASPAR, E. (1999): Dynamik und Bilanzierung des Schwebstofftransfers in der Wutach.– Tübinger Geowiss. Arbeiten, Reihe C, Tübingen.

KROHE, A. & EISBACHER, G. (1988): Oblique crustal detachment in the Variscan Schwarzwald, southwest Germany.– Geol. Rundschau, 77/1, Stuttgart.

LECHNER, H. & HAHN-WEINHEIMER, P. (1974): Geologische Beobachtungen zum Bau und Intrusionsvorgang von epizonalen Graniten im südlichen Schwarzwald unter Verwendung geochemischer Daten.– N. Jb. Geol. Paläont. Abh., 146, Stuttgart.

LEHMANN, U. & HILLMER, G. (1991): Wirbellose Tiere der Vorzeit.– Enke, Stuttgart.

LANG, G. MERKT, J. & STREIF, H. (1984): Spätglazialer Gletscherrückzug und See- und Moorentwicklung im Südschwarzwald, Südwestdeutschland.– Dissert. Botanicae, 72 (Festschrift Welten).

LIEHL, E. (1982): Landschaftsgeschichte des Feldberggebietes.– In: Der Feldberg im Schwarzwald, Die Natur- und Landschaftsschutzgebiete Baden-Württembergs, Bd. 12, Landesanstalt für Umweltschutz, Karlsruhe.

MANZ, O. (1934): Die Ur-Aare als Oberlauf und Gestalterin der pliozänen Oberen Donau.– Hohenzoll. Jh., 1, Hechingen.

MAUS, H. (1990): Die Erzlagerstätten des Südschwarzwaldes.– Freiburger Universitäts-Blätter, Heft 109, Freiburg i. Br.

MAUS, H. (1997): Schwarzwälder Waldglas.– Badische Heimat, 2/97, Karlsruhe.

MÄUSSNEST, O. & SCHREINER, A. (1982): Karte der Vorkommen von Vulkangesteinen im Hegau.– Abh. Geol. Landesamt Baden-Württ., 10, Freiburg i. Br.

MEINIG, R. (1966): Die würmeiszeitliche Vergletscherung im Gebiet Breitnau–Hinterzarten–Neustadt/Schwarzwald.– Dissertation Universität Freiburg [Masch. Schr.].

METZ, R. (1980): Geologische Landeskunde des Hotzenwaldes.– Schauenburg, Lahr.

METZ, R. & REIN, G. (1958): Geologisch-petrographische Übersichtskarte des Südschwarzwaldes mit Erläuterungen.– M. Schauenburg, Lahr.

MONTENARI, M. & MAASS, R. (1996): Die Metamorphen Schiefer der Badenweiler-Lenzkirch-Zone/Südschwarzwald – Paläontologische Alterstellung (Acritarchen und Chitinozoen) und Tektonik.– Ber. Naturf. Ges. Freiburg, 84/85, Freiburg i. Br.

MURAWSKI, H. & MEYER, W. (1998): Geologisches Wörterbuch.– Enke, Stuttgart

PAUL, W. (1969): Die plio- und pleistozänen Schotter der Wutach-Donau am Ost-Schwarzwald.– Eiszeitalter und Gegenwart, 20, Öhringen.

PAUL, W. (1971 a): Die Trias.– In: SAUER, K. & SCHNETTER, M. (Hrsg.): Die Wutach. Naturkundliche Monographie einer Flußlandschaft.– Die Natur- und Landschaftsschutzgebiete Baden-Württembergs, 6, Freiburg i. Br.

PAUL, W. (1971 b): Von der spätjurassischen (frühkretazischen-?) Landwerdung bis zur Gegenwart.– In: SAUER, K.& SCHNETTER, M. (Hrsg.): Die Wutach. Naturkundliche Monographie einer Flußlandschaft.– Die Natur- und Landschaftsschutzgebiete Baden-Württembergs, 6, Freiburg i. Br.

PESCHKE, P. (1991): Die pleistozänen Wutachschotter im Gewann Großwald bei bei Löffingen im Landkreis Breisgau-Hochschwarzwald – III. Palynologische Untersuchungen.– Jh. geol. Landesamt Baden-Württemberg, 33, Freiburg i. Br.

PFLUG, R. (1982): Bau und Entwicklung des Oberrheingrabens.– Wiss. Buchges., Darmstadt.

RIEPLE, M. (1965): Der Hochschwarzwald – Heimatbuch eines Landkreises.– Rosgarten, Konstanz.

SAUER, K. (1966): Die Baar in naturkundlicher und historischer Sicht.– Donau-Post-Verlag, Donaueschingen.

SAUER, K., SCHNETTER, M., Hrsg. (1971): Die Wutach.– Monographie einer Flußlandschaft. Natur- und Landschaftsschutzgebiete Bad.-Württ., 6, Freiburg i. Br.

SCHILL, J. (1856): Mittheilungen.– N. Jahrb. f. Miner., Geol., Geogn. u. Petrefaktenk., Jahrg. 1857, 667–671, Stuttgart.

SCHMID, B. (1985): Die urgeschichtlichen Funde und Fundstellen der Baar: eine Auswertung des Bestandes.– Dissertation Universität Freiburg i. Br.

SCHÖNENBERG, R. & NEUGEBAUER, J. (1997): Einführung in die Geologie Europas.– Rombach, Freiburg.

SCHREINER, A. (1965): Die Juranagelfluh im Hegau.– Jh. geol. Landesamt Baden-Württ., 7, Freiburg i. Br.

SCHREINER, A. (1966): Zur Stratigraphie der Oberen Meeresmolasse zwischen der Oberen Donau und dem Überlinger See.– Jber. u. Mitt. oberrh. geol. Ver., n. F. 48, Stuttgart.

SCHREINER, A. (1981): Quartär.– In: Erläuterungen Bl. 8114, Feldberg.– Geol. Karte 1:25000 Baden-Württemberg, Stuttgart.

SCHREINER, A. (1986): Neuere Untersuchungen zur Rißeiszeit im Wutachgebiet (Südostschwarzwald).– Jh. geol. Landesamt Baden-Württemberg, 28, Freiburg i. Br.

SCHREINER, A. (1991): Die pleistozänen Wutachschotter im Gewann Großwald bei bei Löffingen im Landkreis Breisgau-Hochschwarzwald – I. Vorkommen und Zeitstellung.– Jh. geol. Landesamt Baden-Württemberg, 33, Freiburg i. Br.

STEUER, H. (1990): Das Forschungsvorhaben „Zur Frühgeschichte des Erzbergbaus und der Verhüttung im südlichen Schwarzwald".– Freiburger Universitäts-Blätter, Heft 109, 9/1990, 29. Jahrgang, Freiburg.

STEINMANN, G. (1902): Die Bildungen der letzten Eiszeit im Bereiche des alten Wutachgebietes.– Ber. oberrh. geol. Ver., 35, Stuttgart.

TANGERMANN, H. (1971): Der Erdrutsch auf der Gemarkung Achdorf (Landkreis Donaueschingen) im Wutachtal.– In: SAUER, K. & SCHNETTER, M. (Hrsg.).– Die Wutach – Monographie einer Flußlandschaft. Natur- und Landschaftsschutzgebiete Baden-Württ., 6, Freiburg i. Br.

TODT, W. & BÜSCH, W. (1981): U-PB-investigations on zircons from Pre-Variscan gneisses – I. A study from the Schwarzwald, West Germany.– Geochim. et cosmochim. Acta, 45, Oxford, London, New York, Paris.

THOME, K. N. (1998): Einführung in das Quartär.– 287 S., Springer, Berlin.

VILLINGER, E. (1998): Zur Flußgeschichte von Rhein und Donau in Südwestdeutschland.– Jber. u. Mitt. Oberrh. geol. Ver., n. F. 80, Stuttgart.

WACKER, K. (1966): Der Landkreis Donaueschingen.– Schriften des Landkreises Donaueschingen, Bd. 26, Südkurier, Konstanz.

WAGNER, G. (1929): Junge Krustenbewegungen im Landschaftsbilde Südwestdeutschlands.– Erdgeschichtliche und landeskundliche Abhandlungen aus Schwaben und Franken, H. 10, Hall a. Kocher.

WALCZ, G. M. (1984): Doggererz in Blumberg.– Südkurier, Konstanz.

WENDT, I.., LENZ, H., HARRE, W. & SCHOELL, M. (1970): Total Rock and Mineral Ages of Granites from the Southern Schwarzwald.– Eclogae geol. Helv., 63, Basel.

WESTPHAL, F. (1989): Feldbergdonau und Wutachschlucht – zur Entwicklung einer jungen Flußlandschaft.– Jber. u. Mitt. oberrh. geol. Ver., n. F. 71, Stuttgart.

WILLIMSKI, P. (1978): Blumberg-Achdorf – einst und jetzt.– Stadtgemeinde Blumberg, Blumberg.

WIMMENAUER, W. (1982): Gesteine und Minerale.– In: Der Feldberg im Schwarzwald, Die Natur- und Landschaftsschutzgebiete Baden-Württembergs, Bd. 12, Landesanstalt für Umweltschutz, Institut für Ökologie und Naturschutz, Karlsruhe.

WURM, F., FRANZ, M., PAUL, W., SIMON, TH. (1989): Der geologische Bau des Wutachtales zwischen der Lotenbach-Mündung und Achdorf.– Jber. u. Mitt. oberrh. geol. Ver., n. F. 71, Stuttgart.

11 Anschriften und Ausflugsziele

Verkehrsvereine, Information (Unterkünfte)

- Bonndorf
Schloßstraße 1, 79845 Bonndorf/Schwarzwald, (0 77 03) 76 07
- Löffingen
Rathausplatz 14, 79843 Löffingen, (0 76 54) 4 00
- Stühlingen
Schloßstr. 9, 79778 Stühlingen, (0 77 44) 5 32 34
- Titisee-Neustadt
Tourist-Information, 79815 Titisee-Neustadt, (0 76 51) 98 04-0

Wanderheime

Hochfirst-Rasthaus (Schwarzwaldverein), 79822 Titisee-Neustadt, (0 76 51) 75 75

Naturfreundehaus Baar, Alte Wolterdingerstr. 72, 78116 Donaueschingen, (07 71) 29 85

Naturfreundehaus Burgmühle (Gauchachschlucht), 79843 Löffingen Bachheim, (0 76 54) 5 53

Naturfreundehaus Feldberg, Zum Feldberggipfel 28, 79868 Feldberg, (0 76 76) 3 36

Museen mit Ausstellungen zu den Themen Geologie/Geschichte

- Donaueschingen
Fürstlich Fürstenbergische Sammlungen, Karlsplatz 7, 78166 Donaueschingen. Naturaliensammlung mit Fossilien, Gesteinen und Heimatmuseum.
Öffnungszeiten: Di–So 9.00–12.00, 13.30–17.00, Nov. geschlossen.

- Dotternhausen (bei Balingen)
Museum im Werksforum (Rohrbach-Zement), Dormettinger Str. 23, 72359 Dotternhausen, 07427/79211. Fossilien aus dem Lias der Werksgrube (Saurier, Krokodile, Fische, Ammoniten), Sammelmöglichkeit.
Öffnungszeiten: Di, Mi, Do 13.00 – 17.00 Uhr, an Sonn- u. Feiertagen 11.00 – 17.00 Uhr, Dez. geschl.

11 Anschriften und Ausflugsziele

- Hüfingen

Restauriertes römisches Bad am südwestlichen Ortsrand (beschildert), 78183 Hüfingen
Öffnungszeiten: Mai – Oktober So, 14.00 – 17.00 Uhr und nach Voranmeldung im Rathaus (07 71/60 09-0), in den Sommerferien täglich.

- Löffingen

Museum Löffingen, Rathausplatz 14, 79843 Löffingen. Reste von Großsäugern aus der Würm-Eiszeit, Geschichte.
Öffnungszeiten: Mo – Fr 9.00 – 12.00, Sa 10.00 – 12.00, So n. Vereinbarung.

- Münstertal

Besucherbergwerk Teufelsgrund (Schindlerstollen), Mulden. Schaubergwerk, Minerale, Erze.
Öffnungszeiten: 15.6.–15.9., 14 – 18 Uhr außer Mo. 1.4.–14.6. und 16.9.–31.10. Di, Do, Sa, So, 14.00 – 18.00 Uhr

- Sulzburg

Landesbergbaumuseum Baden-Württemberg, Hauptstraße 56, 79295 Sulzburg. Geschichte des Bergbaus, Bergbau-Technik, Minerale.
Öffnungszeiten: Täglich außer Montag 14.00-17.00 Uhr.

- Trossingen

Heimatmuseum Auberlehaus, Marktplatz 6, 78647 Trossingen. Heimatgeschichte, Geologie/Paläontologie (Plateosaurier aus dem Knollenmergel).
Öffnungszeiten: 2. u. 4. So im Monat 14.00–17.00 Uhr, in den Ferien zusätzlich Mittwochs.

12 Glossar

Abschiebung. Verhältnismäßig steil stehende Störungsfläche, an der eine Gesteinsscholle bruchhaft gegenüber einer anderen um einen bestimmten Betrag (Versatz- oder Sprunghöhe) abgesenkt wurde.Oft gibt es Übergänge in eine Flexur.

Anatexis, fortgeschrittenes Metamorphose-Stadium, bei dem Bestandteile des Gesteins (v.a. Quarz und Feldspat) unter Wärme und Druck aufgeschmolzen und mobilisiert werden (z.B. Gneisanatexite des Feldberggebietes, Abb. 8, siehe auch S.22).

Biotit. Siehe Glimmer.

bituminös. Gesteinseigenschaft, die gekennzeichnet ist durch einen hohen Anteil an organischer Substanz. Dieser ist meist schon am Geruch einer Probe (besonders beim Anschlagen mit dem Hammer) zu erkennen. Die dunkle Farbe vieler bituminöser Gesteine wird oft verursacht durch das eisenhaltige Mineral Pyrit (FeS_2). Voraussetzung für die Erhaltung der organischen Substanz ist Sauerstoffmangel bei der Sedimentation und Diagenese.

Doline. Meist trichterförmige oder schachtartige Einsenkung der Erdoberfläche (Durchmesser häufig 1 – 40 m) mit rundlichem oder ovalem Umriß. Dolinen entstehen beim Einbruch eines unterirdischen Hohlraumes (Einbruch- bzw. Kollapsdoline) oder durch punktuelle Gesteinslösung an der Erdoberfläche bei einer Versickerungsstelle (Lösungsdoline).

Diagenese. Die Umwandlung des lockeren Sediments in ein Festgestein durch Druck, Temperatur und Ausfällung von Mineralien. Der Porenraum wird durch die Sedimentauflast verringert und oft mit chemischen Ausfällungen aus Porenlösungen verfüllt (z.B. Kalzit).

Dolomit. Karbonatgestein, das überwiegend aus den Mineralen Dolomit ($CaMg(CO_3)_2$) und Kalzit ($CaCO_3$) besteht, wobei der Dolomit-Anteil > 90 % beträgt. Bei Dolomit-Anteilen zwischen 50 und 90 % spricht man von dolomitischem Kalkstein. Dolomit wird nur selten direkt aus dem Meerwasser ausgeschieden. Meist entsteht Dolomit durch einen teilweisen Austausch des Kalziums durch Magnesium in unterschiedlichen Stadien der Diagenese unter Einwirkung von Porenwässern mit erhöher Mg-Konzentration. Verdünnte Salzsäure (Probeverfahren im Gelände, 1 Teil HCl, 3 Teile Wasser) reagiert auf Dolomit anders als bei Kalken (hier starkes Aufbrausen) nur sehr schwach.

Dünnschliff. Auf einen Objektträger geklebte und eine Stärke von etwa 0,025 mm geschliffene Gesteinsprobe, die mikroskopisch hinsichtlich ihres Mineralbestands und ihrer Struktur untersucht wird. Besonders im polarisierten Durchlicht zeigen Minerale bestimmte kennzeichnende optische Eigenschaften (Doppelbrechung usw., siehe z.B. Abb. 31).

Eklogit. Unter hohen Drucken entstandenes metamorphes Gestein mit den Hauptbestandteilen Amphibol (Hornblende) und Granat. Entsteht vor allem an Subduktionszonen aus unter einen Kontinent abtauchender ozeanischer Kruste. Bei gebirgsbildenden Prozessen kann das Gestein wieder an die Erdoberfläche gelangen. Hinweis auf Einengung eines ehemaligen Ozeans.

Entlastungsklüfte. Klüfte, die vor allem bei der Talbildung hervorgerufen werden durch eine verhältnismäßig schnelle Abnahme der horizontalen Spannungskomponente des Gebirges nahe der Hangoberfläche. Entspannungsklüfte verlaufen überwiegend hangparallel, sie sind meist offen und können bei Instabilität des Hanges auch zu weiten Spalten erweitert sein (z.B. manche Gebiete in den Wutachflühen). Oft werden auch vorgegene Schwächezonen (tektonische Klüfte) erweitert.

Feldspat, Feldspatgruppe. Gruppe von Gerüstsilikaten mit zahlreichen Vertretern. Kalifeldspat ($KAlSi_3O_8$) und Plagioklas (Mischkristallreihe zwischen Albit, $NaAlSi_3O_8$, und Anorthit, $CaAl_2Si_2O_8$) sind Hauptbestandteile zahlreicher magmatischer Gesteine. Allgemein gute Spaltbarkeit. Kalifeldspat (beige, hell, oft auch rötlich) bildet zum Teil großwüchsige Einsprenglinge (z.B. im Lenzkirch-Steina-Granit). Plagioklas zeigt mikroskopisch meist Entmischungslamellen (Abb. 31).

Erosion. Die Abtragung und Umlagerung (Ausräumung) von Gestein, vor allem durch Wasser (Flüsse), Gletscher und untergeordnet durch Wind. Den rein chemischen Gesteinsaustrag (z.B. Kalklösung in Karstwasserwegen, Höhlen) bezeichnet man als Korrosion.

Erratische Blöcke (Erratiker). Ortsfremde Gesteinsblöcke, die im Gletschereis verfrachtet wurden.

Flexur. Kleinräumige, steile Verbiegung von Schichten, das ähnlich einer Verwerfung (Abschiebung) zu einem Versatz führt. Häufig gehen Verwerfungen und Flexuren ineinander über.

Ganggestein. Gesteine, die beim Erstarren von Gesteinsschmelzen oder beim Ausfällen von Mineralien aus meist heißen Lösungen in offenen Klüften und Spalten des Gebirges entstanden sind (vor allem in der Spätphase von Magmatismus).

Glimmer. Minerale aus schichtartig angeordneten SiO_4-Tetraedern, daher sehr gute Spaltbarkeit (blättrig). Am häufigsten sind Muskovit (hell) und Biotit (dunkel, enthält Mg, Fe). Muskovit übersteht große Transportweiten und kommt daher als silbrig glänzende Schüppchen in zahlreichen klastischen Sedimentgesteinen vor.

Gneis. Metamorphes Gestein mit einem lagig-schiefrigen Aufbau, das vor allem aus den Mineralen Feldspat (>20 %), Quarz und Glimmer (eingeregelt) zusammengesetzt ist. Gneis ensteht bei höhergradiger Metamorphose aus einem magmatischen (Orthogneis) oder sedimentären (Paragneis) Ausgangsgestein (siehe auch S. 21).

Granit. Verbreitetes grobkristallines Gestein mit variabler Ausprägung (Zusammensetzung, Farbe, Korngröße), welches aus einer langsam abgekühlten und erstarrten Gesteinsschmelze in größerer Tiefe enstanden ist (um 20 km, abhängig von der örtlichen Temperaturzunahme in der Erdkruste, Erstarrungstemperatur je nach Druck und Zusammensetzung des Magmas um 650 °C).

Hydrothermales Stadium. Magmatisches Spätstadium, in dem 100 – 400 °C heiße, hoch mineralisierte Restlösungen eines schon erstarrten Magmas in offenen Klüften des Gebirgskörpers zirkulieren. Aus hydrothermalen Lösungen werden zum Teil wirtschaftlich nutzbare Minerale ausgeschieden (z.B. Erz- und Mineralgänge im Schwarzwald, Abschn. 5.4).

Kalifeldspat. Siehe Feldspat.

Kalkstein. Überwiegend aus Kalzit (Kalziumkarbonat, $CaCO_3$) aufgebautes Sedimentgestein mit meist geringen Anteilen an Tonmineralen. Die meisten Kalksteine sind durch eine diagenetische Verfestigung von Schlämmen aus abgesunkenen kalkschaligen Mikroorganismen entstanden. Kalksedimente treten zum Teil auch in Ablagerungen aus Süßwasser-Seen (oft weich, unverfestigt, Seekreide) auf. An Quellaustritten und Wasserfällen werden aus kalkhaltigen Lösungen Sinterkalke, Travertine oder Kalktuffe ausgefällt.

Kalktuff. An Quellaustritten und Wasserfällen aus kalkhaltigen Wässern ausgeschiedener, stark poröser Kalk. An der Kalkausscheidung sind oft Pflanzen (Moose) beteiligt, die dem Wasser CO_2 entziehen und dabei das Kalk-Lösungsgleichgewicht verschieben.

Karst. Landschaftformen, Strukturen und Prozesse, die in Zusammenhang mit Gesteinslösung an der Erdoberfläche oder im Untergrund stehen (betrifft v.a. Kalksteine, Sulfat- und andere Salzgesteine). Karstgebiete werden überwiegend unterirdisch entwässert in durch Lösung (Korrosion) erweiterten Klüften (Höhlen). Somit fehlen oberirdische Wasserläufe weitgehend. Verbreitete Oberflächenformen sind Dolinen oder Karstwannen (Poljen).

Klastische Sedimente. Ablagerungen aus Gesteinspartikeln verschiedenster Größe. Wichtige Schritte bei der Bildung klastischer Sedimente sind die Zerlegung eines Gesteins bei der Verwitterung (physikalische -) und Erosion sowie der Transport – verbunden mit einer Sortierung, Abrundung, Aufarbeitung – an den Ort der Sedimentation.

Konglomerat. Festgestein aus Geröllen, die durch ein meist kalkiges Bindemittel (Zement) fest miteinander verbacken sind. In Süddeutschland und der Schweiz werden Konglomerate auch als Nagelfluh bezeichnet.

Laacher-See-Tuff. Ca. 11.000 Jahre alte vulkanische Ablagerung, die in zahlreichen Sedimenten und Böden Südwestdeutschlands nachweisbar ist und für deren Datierung eine wichtige Zeitmarke darstellt (z.B. auch in einigen Seen und Mooren des Schwarzwaldes). Die Asche-Fahne ging aus von dem Eifel-Vulkangebiet (Laacher-See).

Magmatisches Gestein. Aus einer abgekühlten und erstarrten Schmelze (Magma) entstandenes Gestein. Die in größerer Tiefe langsam erstarrten Gesteine mit grobkristallinem Aufbau (lang andauerndes Mineralwachstum) bilden die Gruppe der plutonischen Gesteine. Vulkanische Gesteine entstehen aus einer schnell auf oder nahe der Erdoberfläche erstarrten Schmelze (Lava) und sind dementsprechend fein- oder kryptokristallin (z.T. auch glasig). Beim Aufstieg im Vulkanschlot entwickeln sich in gasreichen Laven häufig Blasen (Druckentlastung).

Metamorphose. Die Umwandlung des Mineralbestands eines Gesteins unter dem Einfluß von Druck und Temperatur, bei gerichtetem Druck kommt es auch zur Vorzugsorientierung bestimmter Minerale. Die stoffliche Zusammensetzung bleibt weitgehend erhalten, die innere Struktur und der Mineralbestand werden aber den physikalischen Bedingungen angepaßt (Gleichgewichtszustand, siehe auch S. 21).

Moräne. Der vom Gletschereis transportierte und abgelagerte Schutt. Am häufigsten sind die Grundmoräne (Ablagerungen an der Eisbasis), die Seitenmoräne und die Endmoräne (wallförmige Anreicherung an der Flanke bzw. an der Gletscherfront). Moränensedimente sind meist schlecht sortiert, sie enthalten ortsfremde Komponenten (kantig oder mit „polierten" Oberflächen, z.T. mit Striemung) und zeigen zum Teil Auswirkungen mechanischer Beanspruchung durch Schub und Auflast.

Muskovit. Siehe Glimmer.

Nunatak. Aus Gletschereis herausragende Kuppe.

Niederterrasse, Niederterrassenschotter. Als Niederterrasse bezeichnet man die Oberfläche des Sedimentkörpers, der aus den Flußablagerungen (Niederterrassenschotter) der letzten Kaltzeit (Würm-Glazial) aufgebaut ist. In ehemals vergletscherten Gebieten geht die Niederterrasse vom äußersten Eisrand (Maximalstand) des würmzeitlichen Gletschers aus. Mit der beginnenden Erwärmung haben sich die Flüsse dann im Würm-Spätglazial in diese Ablagerungen eingeschnitten. Als jüngste und unterste der eiszeitlichen Flußterrassen liegt die Niederterrasse normalerweise nur wenige Meter über der heutigen Talsohle. Bei der Donau-Wutach beträgt diese Höhendifferenz aufgrund der tiefen Taleinschneidung nach der Flußablenkung bis zu 150 m.

Oolith. Gestein aus mm-großen, kugeligen Konkretionen (Ooide), die einen schalig-konzentrischen Aufbau um einen Wachstums-Keim (Schalenfragment, Sandkorn usw.) aufweisen. Sie entstehen im bewegten Flachwasser durch lagige Mineral-Ausscheidungen (meist Kalk, aber auch verschiedene eisenhaltige Minerale, z.B. Brauneisen-Ooide der Dogger-Eisenerze).

Plagioklas. Siehe Feldspat.

Plattentektonik. Die mit der Kontinentalverschiebung zusammenhängenden vielfältigen geologischen Prozesse und Auswirkungen. Am wichtigsten sind dabei die Öffnung und Entwicklung von Ozeanen („sea floor spreading"), das Abtauchen der am Mittelozeanischen Rücken gebildeten Ozeanischen Kruste unter einen Kontinent (Subduktion), sowie gebirgsbildende Vorgänge, die eintreten wenn Ozeane eingeengt werden und Kontinentschollen miteinander kollidieren.

Plutonisches Gestein. Siehe Magmatisches Gestein.

Pyroklastisches Gestein. Gestein, welches bei einem explosionsartigen vulkanischen Ausbruch entstanden ist und aus einer Mischung kantiger Trümmer der Umgebungsgesteine und vulkanischer Absätze (z.B. Tuffe) aufgebaut ist.

Quarz (SiO_2). Häufiges Mineral, tritt unter anderem als Hauptbestandteil in sauren plutonischen Gesteinen (z.B. granitische Gesteine) als Spätkristallisat auf (grau erscheinende, fettartig glänzende Zwickelfüllung). Meist farblos, durchsichtig, Härte 7. Quarzkörner sind oft die Hauptkomponente in Sandsteinen. Zahlreiche Modifikationen.

Radiometrische Altersbestimmung. Verfahren zur Datierung von Gesteinen auf Grundlage des radioaktiven Zerfalls bestimmter Elemente. Dabei werden die Mengen des radioaktiven Ausgangselementes und die der Tochtersubstanz gemessen und auf Grundlage der bekannten Zerfallsgeschwindigkeit (Halbwertszeit) das Gesteinsalter bestimmt.

Rundhöcker. Vom Gletschereis rundgeschliffene Felskuppen, stellenweise aus Talfüllungen herausragend.

Schill. Anreicherung von Schalen-Bruchstücken.

Schrägschichtung. Meist deutlich geschichtete, dünne Sedimentlagen, die spitzwinklig (meist bis ca. 30°) gegen die Horizontale geneigt sind. Schrägschichtung entsteht bei der Anlagerung von Sediment an geneigten Flächen, z.B. an der stromabwärts gewandten Seite von Rippeln und Sedimentkörpern (Barren) oder bei der Verfüllung von Abflußrinnen.

Sediment, Sedimentgestein. Ablagerung aus Partikeln, die in Wasser oder Luft transportiert und abgesetzt wurden, oder chemische Ausfällung. Die Bestandteile der Sedimente sind die Produkte der mechanischen oder chemischen Verwitterung von Gesteinen – Gesteinsfragmente unterschiedlichster Größe, neugebildete Minerale, gelöste Stoffe. Durch die Diagenese kann ein lockeres Sediment zu einem Sedimentgestein verfestigt werden.

Solifluktion. Langsames hangabwärtiges Kriechen der oberen, aufgetauten Bodenzone über einem tiefgründig gefrorenen Boden. Solifluktion ist ein Hinweis auf klimatisch kalte Bedingungen.

Störung. Flächen (bei Flexuren auch breitere Bereiche), an denen Gesteinsschollen horizontal (Blattverschiebungen) oder vertikal (Ab-, und Aufschiebungen, letztere selten) gegeneinander versetzt wurden (überwiegend bruchhaft). Ursache für Verwerfungen sind Spannungen in der Erdkruste (siehe auch Tektonik). In Gebirgszügen mit starker Einengung (z.B. in den Alpen) kommen auch Überschiebungen (Deckenbau) vor.

Tektonik. Sammelbegriff für die Prozesse und Auswirkungen, die mit den Spannungszuständen in der Erdkruste und im Erdmantel zusammenhängen. Die Spannungen stehen meist in Verbindung mit Verlagerungen von Krustensegmenten (Plattentektonik), die zu Brüchen, Faltungen, Überschiebungen und anderen Deformationen führen.

Terrasse (Flußterrasse). Von einem Flußsystem erzeugte Verebnung. Akkumulationsterrassen sind die Oberflächen der meist in Kaltzeiten abgesetzten Flußablagerungen (z.B. Kiese). Erosionsterrassen entstehen, wenn sich der Fluß mit verminderter Geschwindigkeit in ältere Flußablagerungen oder Festgestein (Felsterrasse) einschneidet und vor allem in die Breite erodiert. Flußterrassen sind eine Folge komplizierter Rückkopplungsprozesse (z.B. Klima, Tektonik, *Vorfluter*-Niveau).

Transfluenz. Vom Gletschereis überquerte Schwelle (meist Bergrücken) zwischen Tälern.

Transgression. Übergreifen des Meeres auf das Festland durch einen Anstieg des Meeresspiegels.

Travertin. Eine aus kalkhaltigen Wässern an einem Quellaustritt (oft Thermalquelle) ausgeschiedene, meist lagige und poröse Kalkablagerung (Süßwasserkalk).

Ton, Tonstein. Ein aus Tonmineralen aufgebautes Sediment, das durch die Diagenese zu Tonstein verfestigt sein kann. Tonminerale entstehen vor allem bei Gesteinsverwitterung durch die Zersetzung und Umbildung bestimmter Minerale.

Verwerfung. Siehe Störung.

Vorfluter. Gewässer (Fluß, See, Meeresbecken), auf das die Entwässerungswege einer Landschaft aufgrund der natürlichen Gefällsverhältnisse ausgerichtet sind.

13 Register

Aare-Donau 62 ff, 90
Achdorf 83, 100, 120, 121
Alpersbacher Vulkanschlot 64
Alte Dietfurt 93, 117
Anhydrit 38, 44, 45, 94
Aselfingen 11, 99, 119
Aubach 53, 99, 119
Bachheim 12, 92, 118
Bad Boll 94, 95
Badenweiler-Lenzkirch-Zone 21, 22, 29
Bärhalde-Granit 31, 109, 111
Bergbau 12, 32, 54,
Besiedlung 10
Blauer Stein 105, 121
Blumberg 52, 54, 55, 62, 67, 90
Blumberger Pforte 76, 109
Blumegg 101-103, 105, 120, 121
Bonndorf 17, 128
Bonndorfer Graben 16, 17, 90, 100, 101
Buchberg 54, 56, 101-103, 120
Buntsandstein 34-37, 93, 117, 119
Callovium 54-56
Deckgebirge 15, 16, 34 ff
Devon 5, 19, 21
Dogger 52-54, 99, 100
Döggingen 12, 46, 89, 116
Dögginger Oolith 42, 96, 98, 99, 103, 118
Doline 62, 89, 90,
Eichberg 55, 56, 60, 62, 100, 101
Eichberg-Rutsch 52, 100

Eichberg-Schotter 60, 62, 63, 101
Eisausdehnung 76, 77, 106, 108
Eisenerz 54
Eisrandlagen 78, 79
Eiszeitalter 70 ff
Erze 32, 55, 129
Feldberg 28, 72, 76, 108, 109
Feldberg-Donau 63ff, 70 ff, 90-92, 102
Feldberggletscher 76 ff, 83, 109
Feldsee 78, 109-111, 122, 123
Flußentwicklung 57, 63, 68, 79
Ganggesteine 21, 27
Gauchach 81, 96, 98, 118
Gauchach-Niederterrasse 92, 118
Gips 38, 39, 44, 45, 89, 90, 94
Gipskeuper 45ff, 89, 117
Gneis 25, 28, 80, 131
Gneisanatexit 28, 109 , 110, 123
Göschweiler 12, 62, 89, 91, 118
Grundgebirge 15, 19 ff
Grundgips 45, 89, 92
Herzogenhorn 73, 111, 112, 122
Hinterzarten 116
Hochfirst 32, 108, 122
Hochmoor 122
Holozän 8, 70, 75, 85, 86
Hydrothermale Gänge 27, 33
Interglazial 75
Interstadial 76, 81, 82, 92
Jostal 76, 106
Jungviehweide 87, 100, 119
Jura 7, 48 ff

Juranagelfluh 59, 60, 67, 105
Karbon 6, 15, 19, 21, 29, 34
Kegelbuck 119
Keuper 34, 44 ff, 101, 102
Kiesgrube 81
Klimakurve 70
Knollenmergel 48, 49, 129
Laacher-See-Tuff 109, 132
Landschaftsentwicklung 8, 14, 57 ff
Lettenkeuper 45
Lias 49 ff, 99, 100, 119
Löffingen 12, 89
Lotenbachklamm 31, 92, 93
Malm 55, 56, 101, 103
Menzenschwand 33, 111
Metamorphose 19, 21 ff, 130, 131, 133
Migmatit 28, 109
Miozän 58, 65 ff
Mittlerer Muschelkalk 38, 93
Molasse 59, 64-66
Moräne 75, 109, 133
Muschelkalk 38 ff, 90, 95, 96, 98, 103, 118, 121
Niederterrasse (allg.) 80, 107, 133
    Gauchach 92
    Wutach 81 ff, 105, 107, 117, 118, 121
Oberer Muschelkalk 39 ff, 96, 103, 120
Oberkarbon 25, 27, 31, 34
Oolith 40, 42, 44, 133
Opalinuston 52
Pleistozän 8, 68 , 70 ff
Pliozän 62, 63, 67, 69
Porphyr 30, 105, 119, 122
Quartär 8, 57, 70 ff

Räuberschlößle 105, 118
Reiselfingen 11, 81, 82, 92, 117
Riß 71 ff
Riß-Würm-Interglazial 75
Roßhag-Schacht 89, 90
Roßhag-Schotter 62, 91
Rückzugsstadien 78, 83
Schluchsee-Granit 25, 31, 32
Titisee 72, 83, 108, 109
Titisee-Neustadt 33, 78, 106, 107
Titisee-Stadium 78, 85
Trias 7, 15, 34ff, 126
Trigonodus-Dolomit 42 ff, 90, 95, 96
Überachen 11
Unterer Muschelkalk 38, 94, 117
Varisziden 19
Vindelizisches Land 46
Vulkanismus 57, 60, 61, 64
Weißer Jura 48, 55
Würm-Eiszeit 75 ff, 81-83, 92, 106, 108
Wutach-Austritt 97, 118
Wutachgebiet 9
Wutachablenkung 82, 83, 101
Wutachknie 16, 83, 86, 101, 114
Wutachversickerung 96, 97

28,40 DM

ZEICHENERKLÄRUNG

Symbol	Beschreibung	Gruppe
	Verwerfung/Aufschiebung (Zentralschwarzwälder Hauptaufschiebung)	
	Holozän	
v v v	Hangschuttmassen	
W WD	Würm-Schotter/Würm-Schotter der Donau-Wutach und Gauchach	QUARTÄR
Wm Wmr	Würm-Moräne (Wm Feldberggletscher, Wmr Rheingletscher)	QUARTÄR
	Rißzeitliche Ablagerungen (Schotter, Seesedimente, Moräne)	
	Deckenschotter (Haslach-, Günz-, Mindel-Glazial, ungegl.)	
★	Pliozäne Schotter der Aare-Donau und Feldberg-Donau	TERTIÄR
T	Tertiär (ungegl.)	TERTIÄR
● B	Tertiäre Vulkanite (v.a. Basalt, Miozän)	

Symbol	Beschreibung	Gruppe
jo	Weißer Jura, Malm	JURA
jm	Brauner Jura, Dogger	JURA
ju	Schwarzer Jura, Lias	JURA
k	Keuper (ungegl.)	TRIAS
mo	Oberer Muschelkalk	TRIAS
mm/mu	Unterer und Mittlerer Muschelkalk	TRIAS
s	Buntsandstein	TRIAS
P	Metam. Schiefer/Vulkanite, Konglom., Pyroklastika (Devon-Karbon, Badenw.-Lenzk.-Zone)	PALÄOZOIKUM
	Ganggesteine (stark vereinfacht, v.a. Ganggranite u.a.)	PALÄOZOIKUM
+ G +	Jüngere Granite (v.a. Oberkarbon)	PALÄOZOIKUM
+ ĞR +	Ältere Granite/Randgranit	PALÄOZOIKUM
gn	Gneise, anatektische Gneise, Diatexite u.a.	PALÄOZOIKUM